Inspiration

MALLORCA

Natur- und Wanderhighlights

37
Touren & Tipps

DER INHALT

Inspiration
Die Top-Highlights & die Karte dazu **04**

Übersichtskarte
mit allen Highlights **06**

Mallorca
und alles rundherum **08**

Der Westen
der Insel **14**

Der Norden
der Insel **36**

Süden & Osten
der Insel **74**

Hinweise, Tipps
und Legende **96**

Impressum
zu diesem Buch **102**

OUTDOOR-TOUREN & TIPPS

37

INSPIRATION
Highlights

Kleine Dörfer, magische Wasserfälle, versteckte Badeplätze, steile Gipfel, verborgene Buchten und bezaubernde Aussichten. Einfach aufbrechen und neue Orte erkunden – was gibt es Schöneres? Damit du deine Zeit nicht mit Suchen verbringst und gleich die schönsten Ziele ansteuerst gibt es die Reihe *Inspirations.*

Eine Sammlung an Outdoor-Zielen, die sich zudem noch mit einer Wandertour verbinden lassen. Wir präsentieren dir ausgewählte Highlights aus der Region, Sehenswürdigkeiten, Geheimtipps und traumhafte Naturperlen – *Inspiration im Hosentaschenformat* für deinen Aufenthalt.

Mit unseren *Inspirationen* sind herrliche Outdoor-Erlebnisse garantiert. Die Auswahl stammt aus unseren renommierten KOMPASS-Wanderführern, in welchen die vollständigen Wandertouren-Beschreibungen zu finden sind.

Der KOMPASS-Verlag ist bekannt für seine Wanderkarten. Damit du dich noch besser auf deine Entdeckertouren vorbereiten kannst und vor Ort immer weißt wo du bist, gibt es die Touren & die passenden GPX-Tracks gratis in der KOMPASS-App.

WISSEN, WO ES LANG GEHT!
KOMPASS-APP & GPX-TRACKS

Alle Touren in der KOMPASS-App!
Wir erklären dir, wie es geht: Einfach QR-Code scannen, oder Seite über den Link aufrufen, der Anleitung folgen und los geht's!

https://link.kompass.de/79w5q

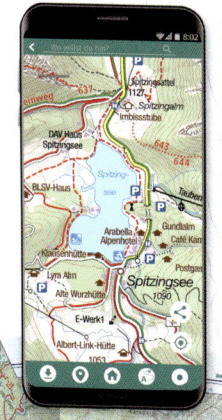

GPX-Track zum Download:
Für das Navigationsgerät deiner Wahl haben wir alle Touren auch als GPX-Track auf unserer Homepage.

https://link.kompass.de/1ypmg

ÜBERSICHTSKARTE

37 INSPIRATIONEN

BALEAREN-MEER

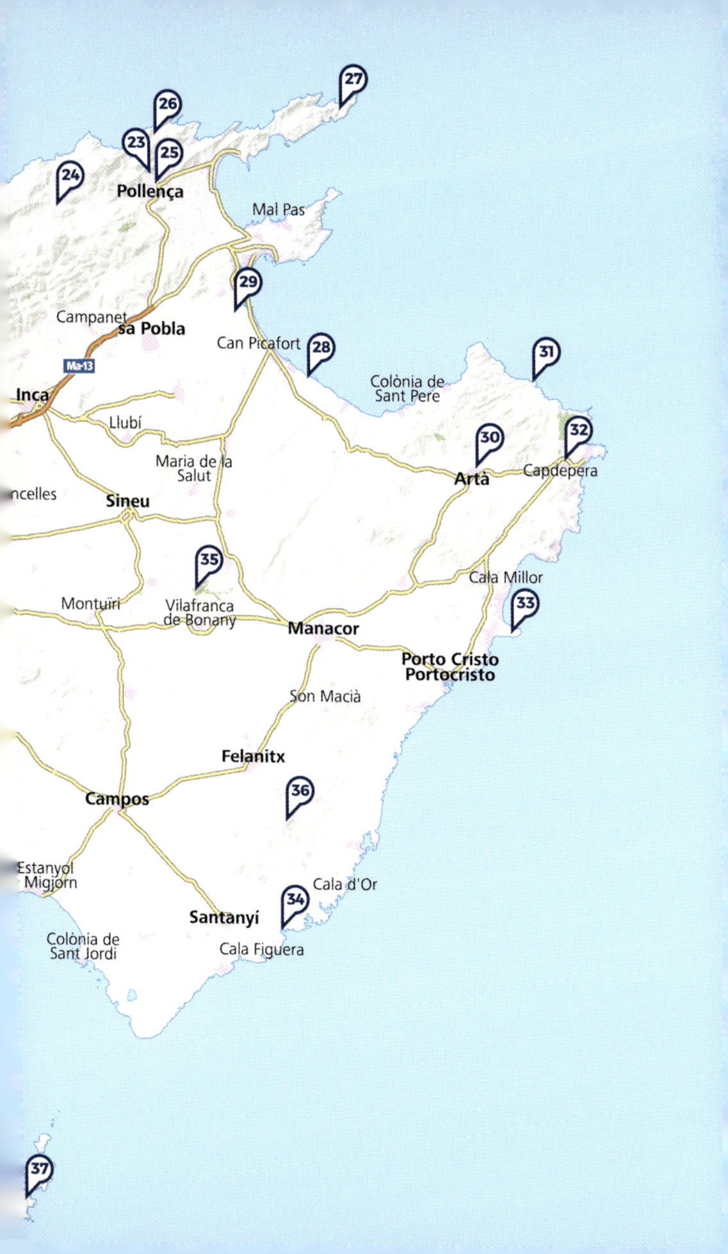

27
26
23
25
24
Pollença
Mal Pas
29
Campanet
sa Pobla
Can Picafort
28
31
Ma-13
Inca
Colònia de
Sant Pere
Llubí
30
32
Maria de la
Salut
Artà
Capdepera
ncelles
Sineu
35
Cala Millor
33
Montuïri
Vilafranca
de Bonany
Manacor
Porto Cristo
Portocristo
Son Macià
Felanitx
36
Campos
Estanyol
Migjorn
Cala d'Or
34
Santanyí
Colònia de
Sant Jordi
Cala Figuera
37

MALLORCA
und alles rundherum.

Das Gebiet

Die beliebte Urlaubsinsel zeigt eine enorme Natur- und Landschaftsvielfalt. Ob im „Hinterland" der Hauptstadt Palma oder an der Costa Nord, der wilden Nordwestküste, zwischen den vielbesuchten Sandstränden des Ostens oder in den Gebirgsbereichen der Insel – überall erwarten einen wunderbare Wander- und Tourenmöglichkeiten. Dabei genießen man ein mediterran geprägtes Klima, den allgegenwärtigen Duft würziger Macchia-Kräuter – und auch schöne Ausblicke zum Meer. Im Frühling faszinieren sechs bis sieben Millionen blühende Mandelbäume, bunte Wiesen und der betörende Duft von Orangenblüten; im Sommer und Herbst lassen sich Touren entlang der Küste mit einem Badestopp verbinden. Besonders zauberhafte Wandergebiete bilden die noch erhaltenen Steineichenwälder: Die immergrünen Bäume, die bis zu 700 Jahre alt werden, schaffen mit ihren zerzausten, von Flechten behangenen Ästen eine fast mystische Stimmung. Man könnte mit dem mallorquinischen Schriftsteller Miquel dels Sants Oliver (1864–1920) sagen, „dass sich die Natur angestrengt hat, hier eine Auswahl erlesener Stücke anzubieten, eine wahre Landschaftssammlung". Viele Wege und Pfade auf Mallorca gehen auf die Zeiten der Araber zurück. Sie beherrschten die Insel zwischen dem 10. und dem 13. Jahrhundert. Diese Routen blieben bis ins

19. Jahrhundert die einzigen Verbindungen zwischen den Orten – „Lebensadern" der Insel, an denen bis heute zahlreiche Relikte der bewegten Inselgeschichte und Zeugnisse eines harten Arbeitsalltags zu finden sind.

Die Serra de Tramuntana

bietet spektakuläre Landschaftseindrücke. Im Verlauf von etwa 300 Millionen Jahren entstand zwischen dem Südwesten Mallorcas, dem Ponent, und der Halbinsel Formentor im Norden ein fast 90 km langes und 20 km breites Gebirge. Sein „Baumaterial" bilden Kalke und Mergel, die aus Meeresablagerungen hervorgingen. Diese wilde, an vielen Stellen bizarr verwitterte Fels- und Karstlandschaft erschien dem mallorquinischen Dichter Miquel Costa i Llobera „wie große Wellen, die die Erde, von unermesslichem Sehnen ergriffen, aufgetürmt hoch in den angrenzenden Raum." Obwohl die höchsten Gipfel nicht einmal 1500 m Seehöhe erreichen, erinnern sie durchaus an die (Vor-)Alpen oder die Abruzzen – kein Wunder also, dass die Menschen ihre Insel einst roqueta (kleiner Felsen) nannten. Mittendrin findet man Kiefern- und Steineichenwälder, Hochtäler mit uralten Landgütern und wilde Schluchten, die nach starken Regenfällen zu reißenden Wasserläufen anschwellen können. 60.000 ha der abseits der Orte nur sehr dünn besiedelten Serra de Tramuntana stehen als „Paratge Natural" unter Naturschutz; 2011 erklärte die UNESCO die vielfältige Kulturlandschaft des gesamten Gebirgszugs zum Welterbe. Gute Ausgangsorte für Wanderrouten sind die Tourismusorte Peguera, Port d'Andratx und Sant Elm im Südwesten, das vielbesuchte Bergdorf Valldemossa, das „Goldene Tal" von Sóller und Port de Sóller, die Wallfahrtskirche Lluc und das nordmallorquinische Städtchen Pollença bzw. sein Hafen Port de Pollença.

MALLORCA
und alles rundherum.

Zwischen Palma & Alcúdia

findet man ebenfalls sehr lohnende Wanderziele. Es Raiguer heißt dieser Randbereich der Serra de Tramuntana rund um Santa Maria del Camí, Alaró, Lloseta, Inca, Selva und Campanet. Schon die Römer nutzten die starken Quellen, die dort am Fuße der Berge aus dem Boden sprudeln.

Das größte Feuchtbiotop (und Vogelparadies) der Insel, der Parc Natural de s'Albufera, liegt zwischen den Strandorten Port d'Acúdia und Can Picafort, nicht weit entfernt von der gebirgigen Halbinsel La Victòria und der unberührten Küste von Son Real.

Pla, Llevant, Migjorn

Es Pla, die 600 km2 große und von einigen kleinen Bergkuppen überragte Ebene in der Mitte Mallorcas, ist noch stark von der Landwirtschaft geprägt; sie wurde vom Tourismus noch kaum „entdeckt". Östlich davon erheben sich die Serres de Llevant – einzelne Hügelgrupppen, die nur zwischen 200 und 500 m Seehöhe erreichen. Im Norden der Orte Artà und Capdepera, wo sie fast alpine Wildheit zeigen, richtete die Inselregierung den Parc Natural de la Península de Llevant ein. Unverbaute Gebiete haben sich auch im Bereich der Ostküste und im Migjorn, dem Süden der Insel, erhalten. Selbst in der

Nähe von Tourismuszentren wie Cala Rajada, Porto Cristo, Cala Millor, Cales de Mallorca, Portocolom und Cala d'Or findet man Wege zu kleinen Sandstränden, von denen sich viele in fjordartigen Felstälern verbergen. Am Auslauf von Schwemmebenen bildeten sich dagegen lange Sandstrände, etwa bei Colònia da Sant Jordi oder östlich von Palma. Die Salinen des Salobrar de Campos bei Colònia de Sant Jordi haben schon die Phönizier genutzt; derzeit gewinnt man dort 8000 Tonnen Tafelsalz pro Jahr. Der Salobrar lockt an die 170 Vogelarten an; man kann hier Schwärme von Flamingos, Stelzenläufer oder Seidenreiher beobachten.

Ziegen & Mönchsgeier

Mehr als 20.000 verwilderte Hausziegen meckern auf der Insel. Sie sind nett anzusehen, fressen aber die Vegetation kahl und verhindern die Waldverjüngung. Und sie vermischen sich mit den Wildziegen (cabras finis), die seit jeher auf der Insel leben. Von diesen gibt es noch etwa 1000 Exemplare. Mit einer Schulterhöhe von ca. 70 cm sind sie etwas kleiner als die verwilderten Tiere; man erkennt sie am rötlichbraunen Fell mit dem schwarzen Streifen über Bauch und Rücken sowie an ihren bernsteinfarbenen Augen.

In der zentralen und nördlichen Serra de Tramuntana haben Sie gute Chancen, Mönchsgeier zu beobachten. Mit Flügelspannweiten bis zu 2,9 m zählt der Voltor negre (Aegypius monachus) zu den größten Vögeln Europas. Um den Hals trägt er eine dunkle Federkrause, die tatsächlich an eine Mönchskutte erinnert. Die Tiere ernähren sich vor allem vom Aas großer und mittlerer Säugetiere. Mit ihrem kräftigen Schnabel zerkleinern sie mühelos Sehnen und kleine Knochen. Mallorca ist die letzte Insel weltweit, auf der Mönchsgeier überlebt haben.

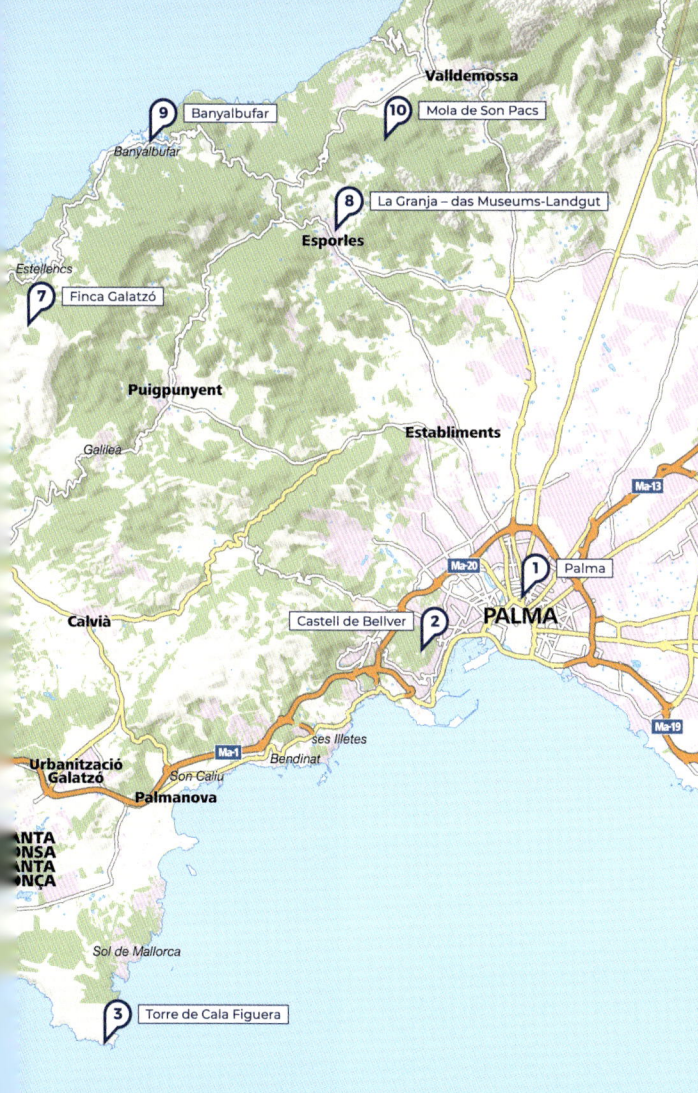

1 PALMA

Von den Römern bis zum Jugendstil

Für die Mallorquiner ist sie ganz einfach ciutat – die Stadt. Der offizielle Name der Inselmetropole, in der 425.726 Menschen leben, bürgerte sich erst im 18. Jahrhundert ein, geht aber auf die Römer zurück (palmaria = Siegespalme). Im 10. Jahrhundert befestigten die Araber die Siedlung an der weiten Bucht im Südwesten Mallorcas und nannten sie Madina Mayurqa. König Jaume (Jakob) I. von Aragón notierte im Jahre 1229, „dass die Stadt wohl die schönste war, die wir jemals gesehen haben." Das hinderte die Soldaten des christlichen Wiedereroberers nicht daran, diese Pracht vollständig zu zerstören. Der weitere Verlauf der Geschichte lässt sich bis heute gut in der der Altstadt nachvollziehen. Sie gilt als eines der größten und am besten erhaltenen historischen Zentren Europas. Ein Spaziergang durch die engen Gassen (die kaum Autoverkehr zulassen) oder die Einkaufsstraßen (Fußgängerzonen) ist immer wieder ein Erlebnis. Palma lässt sich aber auch unter bestimmten Gesichtspunkten erkunden – etwa auf der Suche nach den 150 Patios (Innenhöfen) nobler Stadtpaläste oder nach Bauten des Modernisme, der katalanischen Spielart des Jugendstils. Infos erhält man in den O.I.T.-Büros an der Plaça d'Espanya neben dem Bahnhof und an der Plaça de la Reina.

5,2 km
4:00 h
30 hm
30 hm

TOUREN
TIPP

START: Palma, Parc de la Mar unterhalb der Kathedrale. Zufahrt mit Bahn oder Bus zur Estació Intermodal an der Plaça d'Espanya – von dort mit dem Stadtbus (Linie 25) zur Haltestelle Parc de la Mar. Mit dem Auto zur Tiefgarage am Parc de la Mar.

CHARAKTER: Ausgedehnter Stadt-Spaziergang

11 Museu d'Art Espanyol Contemporari; **12** Markthalle (Mercat de l'Olivar); **13** Plaça d'Espanya; **14** C/. de la Porta Pintada; **15** Plaça de Weyler; **16** Plaça del Rei Joan Carles I.; **17** Plaça del Rei Joan Carles I. auf dem Passeig des Born; **18** Casal Solleric; **19** Loggia des Palau March; **20** Hort des Rei; **21** Llotja dels Mercaders; **22** Museu Es Baluard

01 Parc de la Mar; **02** Palau Reial de l'Amudaina; **03** Kathedrale; **04** Can Marquès; **05** Museu de Mallorca; **06** Banys Àrabs; **07** Kloster; **08** Església de Santa Eulàlia; **09** Rathaus; **10** Plaça Major

CASTELL DE BELLVER

Die schönste Burg Mallorcas

Der Rundbau mit seinen vier Türmen entstand im 14. Jahrhundert und diente lange Zeit als Gefängnis. Erbaut wurde das Schloss ursprünglich im Auftrag von König Jaume II. Es verfügt über einen schönen Innenhof mit doppelstöckiger Loggia. Vom Dach hat man einen tollen Rundblick. Die Öffnungszeiten variieren je nach Saison.

112 m über dem Hafen: Bellver

5,5 km
2:00 h
110 hm
110 hm

TOUREN TIPP

START: Palma, Parc de la Mar. Zufahrt wie bei Tour 1; Buslinie 1 am Passeig Marítim. Das Castell de Bellver liegt auch am Rundkurs des Bus Turistic (Sightseeing-Doppeldecker, Linie 50)

CHARAKTER: Stadtspaziergang und Wanderung auf Waldwegen

> **01** Parc de la Mar; **02** Yachthafen; **03** Auditorium; **04** Castell de Bellver

3 TORRE DE CALA FIGUERA

Klippen, Höhlen, Naturparadies

Im 15. und 16. Jahrhundert entstand an Mallorcas Küste eine Kette von 85 Türmen – zum Schutz vor Piratenangriffen. Manche dieser runden und bis zu 9 m hohen talaies waren sogar mit Kanonen bestückt. Jeder Turm lag in Sichtweite zum nächsten. Näherte sich ein feindliches Schiff, dann gaben die Wächter Feuer- oder Rauchzeichen an ihre Nachbarn weiter – so verbreitete sich die Nachricht wie das sprichwörtliche Lauffeuer bis zum Militärkommando in Palma, das dann Hilfe entsenden konnte. Leider blieben nur etwa 50 dieser „Türken-" oder „Seeräubertürme" erhalten.

- 6 km
- 3:00 h
- 120 hm
- 120 hm

TOUREN TIPP

START: Die Feriensiedlung Sol de Mallorca südlich von Magaluf im Südwesten der Bucht von Palma. Zufahrt von der Autobahn Ma-1 (Palma – Andratx), Ausfahrt 14 „Magaluf, El Toro". Der Beschilderung „Magaluf" folgen, beim dritten Kreisverkehr und bei den folgenden Abzweigungen jeweils rechts Richtung „Sol de Mallorca". Auf der Avinguda Mallorca durch die Feriensiedlung Sol de Mallorca (Endhaltestelle der Buslinie 107 Palma – Magaluf), bis man auf die Avinguda Portals Vells trifft. Auf dieser rechts und gleich wieder nach links; Parkmöglichkeiten oberhalb des Yachthafens

CHARAKTER: Küstenwanderung auf verzweigten Pfaden; eine kurze felsige Passage; stellenweise ist die Orientierung schwierig. Immer wieder Schatten. Bars/Restaurants an den Buchten

> 01 Avinguda Portals Vells;
> 02 Cala en Beltran;
> 03 Cala Figuera;
> 04 Cap de Cala Figuera

MIRADOR PUIG D'EN FARINETA

Felsiger Aussichtspunkt bei Sant Elm

Der Gipfel-Mirador des Puig d'en Farineta muss keinen Vergleich mit den Top-Aussichtspunkten der Insel scheuen: schaurig der Blick über die senkrechte Westwand, unter der einst Piraten ein ganzes Dorf verwüsteten; grandios die Sicht zur Illa de sa Dragonera, der „Dracheninsel" bei Sant Elm, von der sie zu ihren verheerenden Raubzügen aufbrachen. Auf der anderen Seite erscheint die südliche Serra de Tramuntana – ein Traumplatz!

Am Rand der Wand: Dragonera-Panorama vom Puig d'en Farineta

- 2,9 km
- 2:30 h
- 200 hm
- 200 hm

TOUREN TIPP

START: Der Friedhof am Coll de sa Palomera an der Ma-1030 zwischen S'Arracó und Sant Elm (Parkplatz). Bushaltestelle der Linie 100 (Port d'Andratx – Sant Elm), Zufahrt ab Palma mit der Linie 102 (umsteigen in Andratx)

CHARAKTER: Nur mit Steinmännchen markierte Bergwanderung; einige felsige Passagen erfordern Trittsicherheit und Schwindelfreiheit. Vorsicht, im Gipfelbereich hohe Felsabbrüche! Schatten vor allem beim Abstieg. Unterwegs keine Einkehrmöglichkeit; Bars/Restaurants in S'Arracó und Sant Elm

> 01 Friedhof; 02 Finca Son Veri;
> 03 Puig d'en Farineta;
> 04 Bachbett

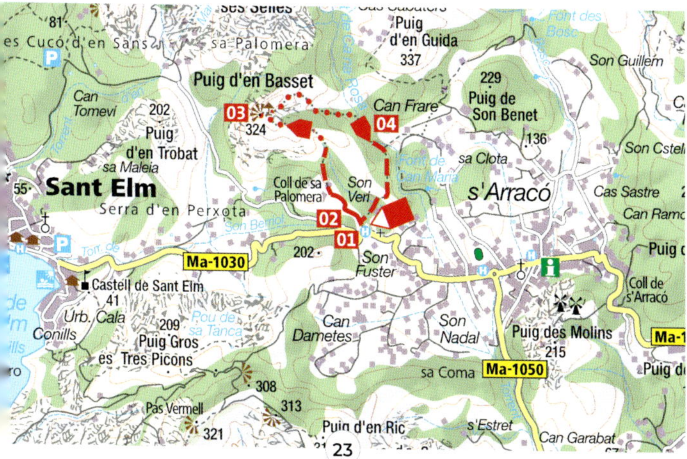

AUSFLUG ZUR DRACHENINSEL

Ob diese Drachen Feuerspucken?

Die 4,2 km lange, bis zu 900 m breite und 271 ha große Illa de sa Dragonera vor der Westspitze Mallorcas bricht nordseitig mit fast senkrechten Wänden zum Meer hin ab. Bevölkert wird sie von seltenen Vogelarten – und von schwarzen Balearen-Eidechsen, kleinen „Drachen", die ohne Scheu vor Menschen sind. Das vor der Bebauung gerettete Eiland ist seit 1995 ein Naturpark.

Erstaunlich gebirgig: der Kamm der „Dracheninsel"

- 5,6 km
- 2:45 h
- 290 hm
- 290 hm

TOUREN TIPP

START: Sant Elm, Hafen. Zufahrt auf der Ma-1030, Gebühren-Parkplatz am Ortseingang. Buslinie 100 von Andratx (ab Palma Linie 102). Überfahrt mit dem Boot „Margarita" (www.crucerosmargarita.com) oder mit Watertaxi.
Nach der Ankunft erhält man im Infozentrum die kostenlose Genehmigung zum Besuch der Insel (für Gruppen über 10 Personen zuvor Anmeldung)

CHARAKTER:
Bergwanderung auf breiten, beschilderten Wegen; kurze abgerutschte Stellen und der Gipfelbereich erfordern Trittsicherheit. Kaum Schatten. Keine Einkehrmöglichkeit auf der Insel

> 01 Cala Lledo; 02 Coll Roig;
> 03 Puig des Far Vell

6 ZUR KLOSTERRUINE LA TRAPA

Eine der beliebtesten Touren Mallorcas

Schweigen, Meditation und Askese – das prägte das Leben jener Mönche, deren Orden 1664 im nordfranzösischen La Trapa gegründet worden war. 1810 kamen einige Trappisten nach Mallorca, wo sie im unzugänglichen Hochtal von Sant Josep oberhalb von Sant Elm ein Kloster gründeten – 270 m über dem Meer und direkt gegenüber der Insel Dragonera. Der Staat löste das Kloster 1820 schon wieder auf. 160 Jahre später kaufte die Naturschutzorganisation G.O.B. die verfallenen Gebäude, um ein Erschließungsprojekt zu verhindern. Wer den Aussichtsradius noch vergrößern möchte, wandert weiter bis zur 400 m hoch gelegenen Aussichtskanzel über dem Cap Fabioler. Im Sommer 2013 zerstörte ein Waldbrand die Vegetation in einem 2335 ha großen Gebiet zwischen La Trapa und Andratx. 20 Jahre Aufforstungsarbeit wurden zunichte gemacht. Bitte bleib dort ausschließlich auf den Wegen, um die Erosion des schutzlosen Erdreichs zu verhindern.

10,9 km
3:30 h
450 hm
450 hm

TOURENTIPP

START: Sant Elm. Parkmöglichkeiten und Bushaltestelle auch im Bereich der Plaça de Mossèn Sebastià Grau und an den Straßen im hinteren Ortsbereich

CHARAKTER: Bergwanderung auf breiten Wegen und schmalen Pfaden; eine Passage erfordert Trittsicherheit und Schwindelfreiheit. Markierung: Steinmännchen, einige Schilder. Viel Schatten. Unterwegs keine Einkehrmöglichkeit; Bars/Restaurants in Sant Elm

> **01** Plaça de Mossèn Sebastià Grau; **02** Can Tomeví; **03** La Trapa; **04** Mirador d'en Josep Sastre; **05** Coll de ses Ànimes

FINCA GALATZÓ

7

Sehenswertes Landgut in romantischer Landschaft

Das Landgut Galatzó, das in einem stillen Tal zwischen dem Puig de Galatzó und der Mola de s'Esclop liegt, ist öffentlich zugänglich. In diesem schon in der Bronzezeit besiedelten Gebiet gründeten die Araber eine Alqueria, einen landwirtschaftlichen Betrieb. 1627 erwarb ihn Pere Ramon Zaforteza, der der Sage nach für seine zahlreichen Greueltaten als „Comte Mal" (böser Graf) um die Berge spukt. Mit einer Fläche von ca. 1400 ha nimmt das Landgut heute nahezu zehn Prozent der Gemeindefläche von Calvià ein. Sein renoviertes Herrenhaus, zu dem u. a. auch eine Kapelle, eine Ölpresse und ein Garten gehören, ist für sich schon einen Besuch wert. Und im Tal dahinter lässt sich Mallorcas Natur- und Kulturlandschaft auf einem „Lehrweg" mit acht Stationen (und zwei kurzen Abstechern) erleben.

Rast im Garten des Landguts

- 7,2 km
- 3:00 h
- 150 hm
- 150 hm

TOUREN TIPP

START: Am Parkplatz beim Tor des Landguts oder beim Haus Ca l'Amo en Biel, etwa 4 km nördlich von Es Capdellà (150 m). Zufahrt von dort auf der Ma-1032 Richtung Galilea/Puigpunyent; vor der Brücke (Km 2,2) links auf die Schotterstraße abzweigen (Tafel „Finca Pública Galatzó"). Buslinie 110A und 110B von Palma nach Es Capdellà; von dort zu Fuß in 45 min. auf dem asphaltierten, später geschotterten Carrer de Galatzó (als GR-221 beschildert)

CHARAKTER: Talspaziergang auf sanft ansteigenden Schotterstraßen und breiten Wegen. Schatten im hinteren Talbereich. Unterwegs keine Einkehrmöglichkeit; Bars/Restaurants in Es Capdellà

> 01 Parkplatz beim Haus Ca l'Amo en Biel; 02 Landgut Galatzó; 03 Pou de ses Sínies

LA GRANJA

Das Museums-Landgut

1,5 km nordwestlich von Esporles – knapp neben der Ma-1100 – liegt das zu einem Museum ausgestaltete Landgut La Granja d'Esporles. Es verdankt seine Existenz einer großen, schon von den Römern genutzten Quelle. Zu sehen sind die Räume des noblen Herrenhauses, Werkstätten und ein herrlicher Garten. Dort findet man den vermutlich ältesten Baum Mallorcas, eine mehr als 1000 Jahre alte Eibe. Für die 60 Erlebnisstationen und den eigenen Wanderweg mit schönem Aussichtspunkt kann man sich mit Wein- und Kostproben stärken (www.lagranja.net).

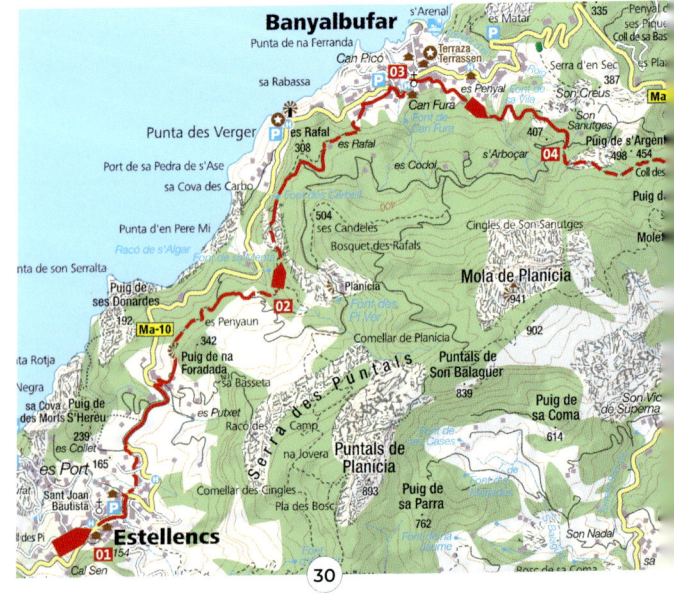

- 14,6 km
- 4:30 h
- 400 hm
- 400 hm

TOUREN TIPP

START: Estellencs an der Nordwestküste. Zufahrt auf der Ma-10, Parkplätze und Bushaltestelle im Ortsbereich. Rückfahrt von Esporles mit dem Bus (Linie 200 von Palma)

CHARAKTER: Einfache und großteils schattige Tagestour, die man mit einem Abstecher nach Banyalbufar auch in zwei Halbtagswanderungen teilen kann. Der erste Wegabschnitt zwischen Estellencs und der Abzweigung zur Finca pública Planícia und der Camí des Correu sind beschildert; der unmarkierte Abschnitt dazwischen erfordert Orientierungssinn (Steinmännchen). Einkehr: Restaurant La Granja; Bars/Restaurants in Estellencs, Banyalbufar und Esporles

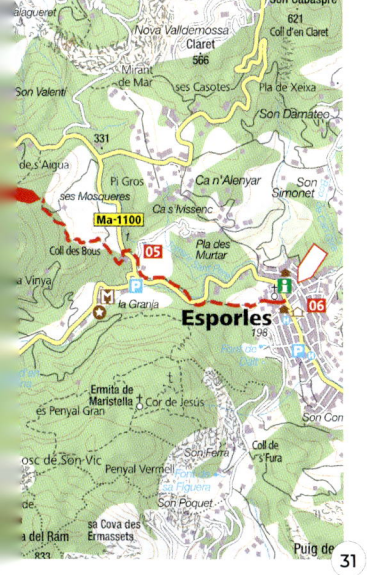

- **01** Estellencs;
- **02** Asphaltstraße zur Finca Planícia;
- **03** Banyalbufar;
- **04** Son Sanutges;
- **05** Hauptstraße Ma-1100;
- **06** Esporles

BANYALBUFAR

Atemberaubende Küste

Woher kommt der Name Banyalbufar? Die Araber dürften im zehnten Jahrhundert mit „Bahaia al-bujar" ein Bauwerk in der Nähe des Meeres bezeichnet haben. Eine andere Auslegung weist auf einen „Weinberg am Meer" hin. Wie auch immer: Die Mauren perfektionierten an den steilen Hängen hoch über der Costa Nord den Obst- und Gemüseanbau, indem sie etwa 2000 Terrassen anlegten und diese künstlich bewässerten. Sie sind das Ziel einer wunderschönen Wanderung auf einem Weg namens Volta des General. General Ferran Cotoner i Chacón ließ diese Route zwischen dem Meer und den Bergen am Ende des 19. Jahrhunderts ausbauen.

Die Punta de s'Àguila, der weiße „Adlerfelsen" über dem Meer

- 11,6 km
- 2:45 h
- 150 hm
- 150 hm

TOUREN TIPP

START: Port des Canonge, kleiner Fischerhafen an der Nordwestküste zwischen Valldemossa oder Banyalbufar. Zufahrt von der Ma-10, beschilderte Abzweigung bei Km 80 (ca. 300 m westlich der Einmündung der Ma-1040 aus Richtung Palma/Esporles); schmale und kurvenreiche Asphaltstraße zur Küste (5 km)

CHARAKTER: Sehr beliebte Wanderung auf breiten Wegen; Bademöglichkeit in Port des Canonge. Wegweiser und Richtungspflöcke. Stellenweise Schatten. Unterwegs keine Einkehrmöglichkeit; Bars/Restaurants in Port des Canonge und Banyalbufar

01 Port des Canonge;
02 Platja de Son Bunyola;
03 Parkplatz; 04 Banyalbufar

WALDPLATEAU MOLA DE SON PACS

Im Zauber der Steineichenwälder

Zwischen dem beschaulichen Landstädtchen Esporles und dem „Touristenmagneten" Valldemossa liegt ein besonders einsames Gebiet der Serra de Tramuntana: das weite Waldplateau der Mola de Son Pacs. Einst lebten und arbeiteten dort Holzfäller und Köhler, die nicht nur unzählige runde Meilerplätze hinterließen, sondern auch eine eigenwillig geformte Hütte samt Brunnen und Zisterne.

Bäume wie aus dem Fantasy-Film

- 8,9 km
- 3:45 h
- 500 hm
- 400 hm

TOUREN TIPP

START: Esporles (220 m). Zufahrt aus Richtung Palma auf der Ma-1100. Zwischen Esporles und Valldemossa besteht keine direkte Busverbindung für die Rückfahrt. Daher reist man am besten von Palma mit der Buslinie 200 an; Rückfahrt von Valldemossa nach Palma mit der Buslinie 210.

CHARAKTER: Lange Wald- und Bergwanderung auf teils asphaltierten Straßen, breiten Wegen und schmalen Pfaden; Trittsicherheit und Schwindelfreiheit sind notwendig. Immer wieder Schatten. Zwischen Esporles und dem Coll de sa Basseta sowie im Bereich der Comuna ist die Route an einigen Stellen beschildert, dazwischen erleichtern nur Steinmännchen und einzelne Farbpunkte die Orientierung – nicht bei Nebel gehen! Viel Schatten. Unterwegs keine Einkehrmöglichkeit; Bars/Restaurants in den beiden Orten

01 Kirche in Esporles; **02** Coll de sa Basseta; **03** Aljub de la Mola de Son Pacs; **04** Coll de Sant Jordi; **05** höchster Punkt des Puig de sa Comuna; **06** Valldemossa

INSPIRATIONEN IM NORDEN

SON MARROIG

Über dem berühmtesten Felsloch der Insel

Son Marroig ist ein historisches Anwesen auf Mallorca, das für seine atemberaubende Lage an der Klippe bekannt ist. Es war einst der Wohnsitz des Erzherzogs Ludwig Salvator von Österreich, der die Schönheit der Baleareninsel sehr schätzte. Die Gärten, die Aussicht auf das Mittelmeer und die prächtige Architektur machen Son Marroig zu einem beliebten Ort für Besucher, die die natürliche Schönheit und die Geschichte Mallorcas erleben möchten. Das berühmteste Felsloch der Insel findet man ebenfalls hier: Der weitere Aufstieg auf den „quergestellten", etwa 80 m hohen Felsrücken der „Punta de sa Foradada" wird durch eine sehr steile Wand vereitelt – die Kletterei zum höchsten Punkt über dem viel fotografierten Loch ist nur schwindelfreien Bergsteigern zu empfehlen.

Son Marroig und sein Tempel

- 5,4 km
- 2:00 h
- 240 hm
- 240 hm

TOUREN TIPP

START: Das Landgut Son Marroig (256 m) über der Nordwestküste zwischen Deià und Valldemossa. Zufahrt auf der Ma-10; beschilderter Parkplatz nahe Km 65,8. Zufahrt mit dem Bus von Deià oder Sóller (Linie 210)

CHARAKTER: Kurze Bergab-Wanderung auf einem Fahrweg (einige Wegweiser). Der längere Wiederaufstieg kann bei Hitze mühsam werden. Der Zugang zur Punta de sa Foradada ist nur nach dem Erwerb des Eintrittstickets für das (sehr sehenswerte) Herrenhaus Son Marroig gestattet. Kaum Schatten. Einkehr: Bar/Restaurant beim Mirador neben Son Marroig, Bar über der Playola an der Punta de sa Foradada (nur im Sommer)

> 01 Son Marroig; 02 Meer

12 VALLDEMOSSA

und der Mythos Chopin

Trotz des Touristenrummels strahlt das Bergdorf im „wadi muza" am Fuß des Teix einen besonderen Charme aus. Der untere Ortsbereich fasziniert mit verwinkelten Gassen und pflanzengeschmückten Fassaden. 1399 entstand oberhalb davon ein Kartäuserkloster, das nach 436 Jahren säkularisiert wurde. Weitere drei Jahre später mietete sich der polnische Pianist und Komponist Frédéric Chopin mit seiner rauchenden und hosentragenden Geliebten George Sand (eigentlich: Amandine Baronne Dudevant) in einer der alten Mönchszellen ein. Seine Hoffnung auf einen frühlingshaften „Winter auf Mallorca" (so der Titel des berühmt-berüchtigten Reiseberichts von George Sand) machten allerdings Kälte und Regen zunichte (www.cartoixadevalldemossa.com, www.museochopin.com).

Kartause von Valldemossa

2,4 km
1:30 h
80 hm
80 hm

TOUREN TIPP

START: Ermita de la Trinitat (460 m), ca. 3 km nordwestlich von Valldemossa. Zufahrt auf der Ma-10, unscheinbare Abzweigung bei Km 69,8 gegenüber dem Restaurant Can Costa (der dortige Parkplatz ist für Gäste reserviert). Diese Zufahrt ist sehr schmal; man parkt besser schon ca. 1 km vor Can Costa auf einem kleinen Platz neben der Ma-10. Bushaltestelle der Linie 210 (Palma – Port de Sóller) bei Can Costa – dort halten jedoch nur Busse, die Richtung Valldemossa fahren (nächste Haltestelle 1,4 km Richtung Deià beim Hotel Encinar, wo man die Tour ebenfalls beginnen bzw. beenden könnte)

CHARAKTER: Großteils schattige Waldwanderung auf breiten Wegen und schmalen Pfaden, die Orientierungsvermögen erfordern. Steinmännchen und rote Farbzeichen. Unterwegs keine Einkehrmöglichkeit; Restaurant Can Costa

> **01** Ermita de la Trinitat;
> **02** Mirador des Tudons

CALA DE DEIÀ

Die Traumbucht der Künstler

Künstler, Spitzengastronomie und Fernsehserien verhalfen dem Dorf Deià zu seiner heutigen Popularität. Sein wahrer Reiz erschließt sich aber nur jenen, die auch seine herb-schöne Umgebung zwischen Gebirge und Meer durchwandern.

Die Route hinunter zur kleinen Bucht der Cala de Deià zählt zu den „klassischen" Wanderwegen Mallorcas.

Einst Künstler-Rückzugsgebiet, heute Wanderziel: die Cala de Deià

- 3,9 km
- 2:15 h
- 180 hm
- 180 hm

TOUREN TIPP

START: Deià (194 m). Zufahrt auf der Ma-10; Gebührenparkplätze an der Hauptstraße, kostenlose Parkmöglichkeit am nördlichen Ortsrand (Richtung Sóller). Haltestelle der Buslinie 210 (Palma – Port de Sóller) an der Hauptstraße im Ortszentrum

CHARAKTER: Kurze, beschilderte Wanderung auf Straßen und Wegen. Stellenweise Schatten. Bars/Restaurants in Deià, Ca s'Patró March an der Cala de Deià.

> **01** Deià; **02** Holzsteg über den Torrent Major **03** Cala de Deià

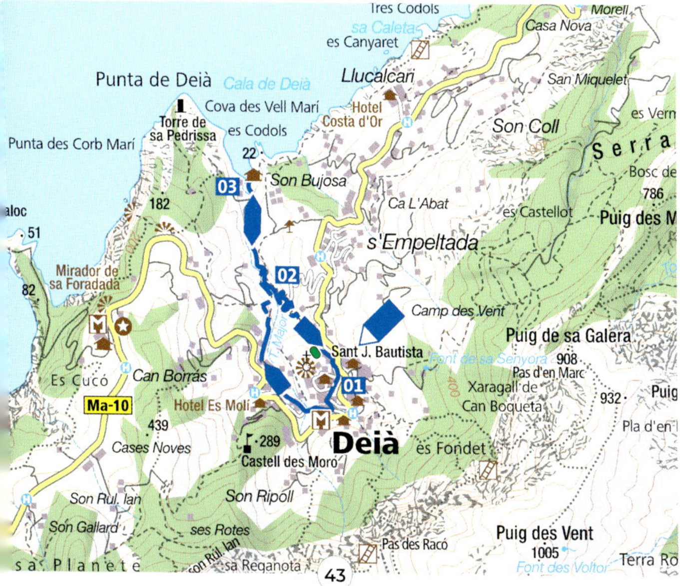

JARDINS D'ALFÀBIA

Dschungelfieber

Die Wasserspiele der dschungelartigen Gärten des Landguts Alfàbia gehen vermutlich auf das 12. Jahrhundert zurück. Das Anwesen, das der Wesir Ben-Abet damals seiner Lieblingsfrau schenkte, bezieht sein Wasser aus einer großen Quelle (alfàbia bedeutet so viel wie „Krug"). Eingang vor der Mautstation des Sóller-Tunnels, 1 km nördlich von Bunyola (jardinesdealfabia.com).

Grüne Oase

- 6,8 km
- 4:00 h
- 420 hm
- 420 hm

TOUREN TIPP

START: Bunyola (210 m). Zufahrt aus Richtung Palma/Sóller auf der Ma-11; Parkplatz beim Sportplatz neben der Abzweigung der Ortszufahrt. Bus- und Bahnverbindung von Palma und Sòller; vom Bahnhof zu Fuß in 10 Min. zum Ausgangspunkt. Kurz nach dem Bahnübergang scharf rechts auf eine schmale Seitenstraße, die zur Ma-11 führt (Wegweiser „Raixa") – dort links, vorbei am Restaurant Can Penasso

CHARAKTER: Bergwanderung auf einem schmalen, stellenweise schattigen Waldpfad, der gutes Orientierungsvermögen erfordert; Abstieg auf einer Schotterstraße. Unterwegs keine Einkehrmöglichkeit; Bars/Restaurants in Bunyola

01 Parkplatz; **02** Puig de s'Alqueria; **03** Alqueria d'Avall

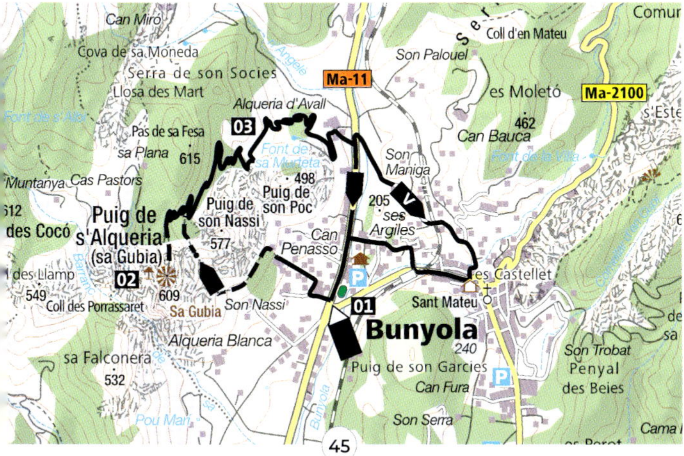

15 PENYALS D'HONOR

Überraschungen im „Gemeindewald" von Bunyola

Der ausgedehnte „Gemeindewald" von Bunyola erstreckt sich im Bereich der Penyals d'Honor, einer großen, von tiefen Gräben zerteilten Hügelgruppe. Zahlreiche verschlungene Wege führen durch dieses stille Gebiet, dessen Hauptgipfel eine überraschend weite Fernsicht bietet. Sehenswert ist auch das Höhlenhaus Sa Cova.

Die felsigen Penyals d'Honor und ihr eigenartiges „Höhlenhaus"

- 11,2 km
- 4:00 h
- 600 hm
- 600 hm

TOUREN TIPP

START: Bunyola (210 m), südlicher Ortsrand. Von der Ma-11 (Palma – Sóller) ins Ortszentrum, an der Kirche vorbei und auf der Hauptstraße Richtung Santa Maria ca. 700 m bis zur Einmündung der Carretera de sa Comuna (Parkplatz, Bushaltestelle)

01 Bunyola; **02** Penyals d'Honor; **03** Forsthaus Cas Garriguer; **04** Höhlenhaus Sa Cova;

CHARAKTER: Bergwanderung auf Schotterstraßen, breiten Wegen und schmalen Waldpfaden, abschnittsweise beschildert. Viel Schatten. Unterwegs keine Einkehrmöglichkeit; Bars/Restaurants in Bunyola

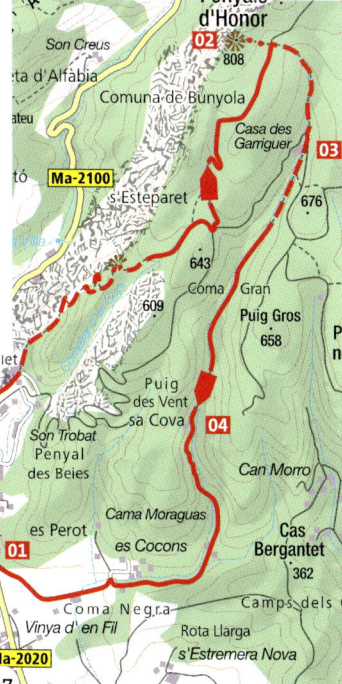

16 SALT DES FREU

Wasserspiele mitten im Wald

Die Wanderung zu den Wasserfällen lohnt sich vor allem nach stärkeren Regenfällen – nur dann sind die üppig grün überwucherten Wasserfälle in der Schlucht zwischen Orient und Santa Maria del Camí „in Betrieb". An Wochenenden und Feiertagen können Sie dazu auch die Variante zum Avenc de Son Pou „anhängen".

Salt des Freu bei Orient

- 5,5 km
- 1:45 h
- 200 hm
- 200 hm

TOUREN TIPP

START: Orient (550 m). Zufahrt von Alaró oder Bunyola auf der schmalen Ma-2100. Busverbindung von Bunyola (Linie 221)

CHARAKTER: Wanderung auf stellenweise steinigen Wegen und Pfaden mit einigen Wegweisern. Viel Schatten. Unterwegs keine Einkehrmöglichkeit; Bars/Restaurants in Orient

> **01** Orient; **02** Abzweigung vor der Finca Son Peret; **03** Salt des Freu; **04** Pas de s'Estaló

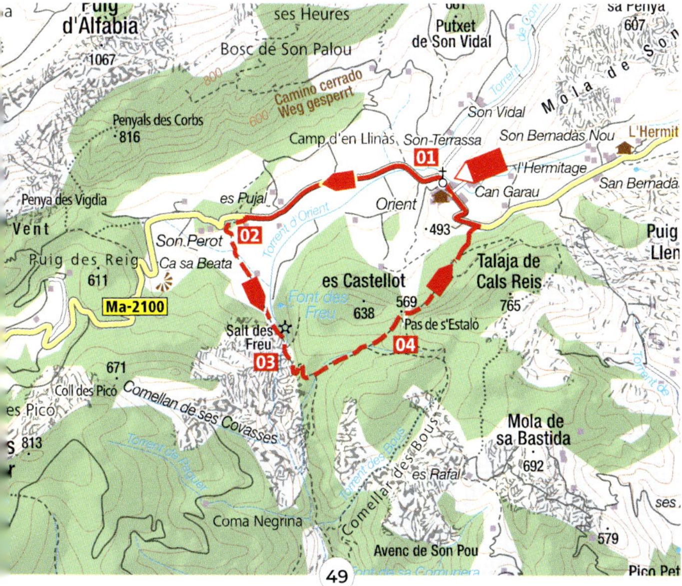

CASTELL D'ALARÓ

Erlebnis Burgberg

Der 821 m hohe, fast allseits von Felswänden umgebene und weithin sichtbare Puig d'Alaró gehört zu den großen historischen Stätten Mallorcas. Er erhebt sich mit seinem „Bergzwilling", dem Puig de s'Alcadena, am Südostrand der Serra de Tramuntana, gleich oberhalb des Ortes Alaró. Der sagenumwobene Berg bietet eine Traumsicht bis zum Meer.

Ruinen mit langer Geschichte

- 13 km
- 3:45 h
- 620 hm
- 620 hm

TOUREN TIPP

START: Alaró (228 m). Zufahrt von der Autobahn Ma-13, Ausfahrt 17 Consell/Alaró. Auf der Ma-2022 ins Ortszentrum, beim Wegweiser „Orient" rechts abzweigen und bei der zweiten Kreuzung links („Centre Vila"). An einer Abzweigung vorbei, dann links auf den C/. de Can Manyoles einschwenken. Bleibt man bei der folgenden Kreuzung geradeaus („Centre"), dann gelangt man rechts zum beschilderten Orts-Parkplatz. Die Straße zum Restaurant Es Verger und zum Parkplatz am Pla des Pouet unterhalb der Burg ist sehr schmal und zuletzt nur eine raue Schotterpiste. Mit der Bahn nach Consell, von dort Busverbindung (Linie 320)

CHARAKTER: Beschilderte Wanderung auf einen herrlichen Aussichtsberg, anfangs auf der Straße (am Wochenende mitunter stark befahren), weiter oben auf schön renovierten Pflaster- und Treppenwegen. Wenig Schatten. Einkehr: Restaurant Es Verger, einfache Verpflegung im Castell d'Alaró Bars/Restaurants in Alaró

01 Ortszentrum von Alaró;
02 Es Verger; 03 Pla des Pouet;
04 Puig d'Alaró

18 SÓLLER

Vom Hafen in die „Horta", den Garten von Sóller

„Unbestreitbar ist Sóller die schönste Ortschaft der Insel, ja man kann ruhig sagen, eine der schönsten der Welt". Erzherzog Ludwig Salvator war vom Tal im Südwesten des Puig Major ebenso begeistert wie schon lange vor ihm die Araber: Suliar nannten sie das Gebiet am Fuß der Serra d'Alfàbia, „das Tal des Goldes". Durch die Jahrhunderte blieben das Städtchen und sein Hafen vom Rest der Insel fast abgeschnitten, erreichbar nur übers Wasser und auf dem kurvigen Saumweg über den 500 m hohen Coll de Sóller. Im 18. Jahrhundert, nach der Entdeckung des Vitamins C, begann man im großen Stil mit dem Anbau und Handel von Zitrusfrüchten. Noble Häuser und die einzigartige Jugendstilfassade der Pfarrkirche erinnern noch an den Wohlstand, den die Früchte einst brachten.

Wahrzeichen: Die Kirche von Sóller

- 10,6 km
- 2:45 h
- 90 hm
- 90 hm

TOUREN TIPP

START: Port de Sóller, Sandstrand der Platja d'en Repic im Süden der Bucht. Zufahrt von Sóller auf der Ma-11, vor dem Tunnel (Túnel de sa Mola) rechts Richtung „Port de Sóller, en Repic" abzweigen, Parkplatz links vor dem Strand. Haltestelle der Tranvía (Trambahn) von Sóller (von Palma mit dem Tren de Sóller erreichbar). Günstiger ist der Bus (Linien 210, 211)

CHARAKTER: Gemütliche Wanderung mit nur geringen Höhenunterschieden. Man wandert auf wenig befahrenen Straßen sowie beschilderten Wegen und Pfaden. Nur wenig Schatten. Bars/ Restaurants in Sóller und Port de Sóller

> 01 Port de Sóller; 02 Finca Binidorm; 03 Sóller i; 04 Ma-10; 05 Coll d'en Borrasar

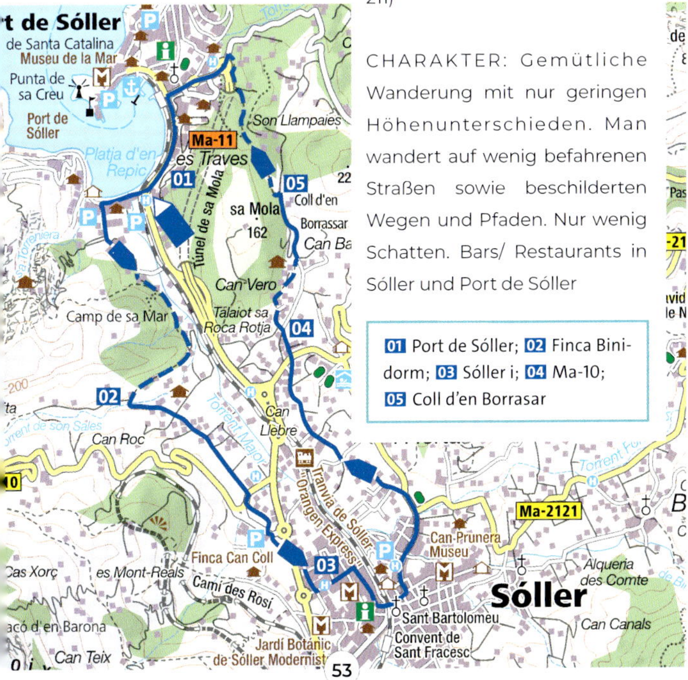

19 TREN DE SÓLLER

Farht mit dem „Roten Blitz"

Der „Rote Blitz" ist eine historische elektrische Eisenbahn, die die malerische Strecke zwischen Palma de Mallorca und Sóller in Spanien befährt. Seit über einem Jahrhundert bietet diese Bahnfahrt den Passagieren eine nostalgische Reise durch eine herrliche Landschaft von Bergen, Tälern und Orangenplantagen. Der „Rote Blitz" gilt als eine der ältesten elektrischen Bahnen Spaniens und ist nicht nur ein Transportmittel, sondern auch eine Attraktion, die Reisende in die charmante Vergangenheit der Insel eintauchen lässt.

Hoch über dem Tal von Sóller rattert der „Rote Blitz" über Brücken

- 10,9 km
- 2:45 h
- 200 hm
- 250 hm

TOUREN TIPP

START: Sóller (40 m), Stadtzentrum. Zufahrt aus Richtung Palma auf der Ma-11. Beschilderte Gebührenparkplätze im Stadtgebiet, gebührenfreie Parkplätze entlang der Ma-11 nahe dem Jardí Botànic de Sóller (Botanischer Garten, von dort zu Fuß 10 Min.). Zufahrt aus Richtung Palma am besten mit dem Tren de Sóller (Bahnhof im Stadtzentrum) oder per Bus (Linie 210, Haltestelle am C/. de Crete im westlichen Stadtbereich). Rückfahrt von Port de Sóller mit der Trambahn oder per Bus (Linien 210, 211)

CHARAKTER: Abwechslungsreiche Wanderung auf Straßen, breiten Wegen und schmalen Pfaden. Die Strecke ist abgesehen vom ersten Aufstieg durchgehend beschildert, zuletzt als GR-221. Im ersten Abschnitt mehr, dann weniger Schatten. Einkehr: Kuchen und frisch gepressten Orangensaft gibt's in der Finca Can Prohom

01 Sóller; **02** Camí de Rocafort; **03** Hauptstraße Ma-10, 220 m; **04** Muleta Gran; **05** Refugi de Muleta; **06** Port de Sóller

FORNALUTX

Prämierte Dorfschönheit

Das Dorf Fornalutx wurde bereits mehrfach für seine Schönheit und Ursprünglichkeit prämiert. Eingebettet in das Tramuntana-Gebirge, besticht es mit engen, kopfsteingepflasterten Gassen, historischen Steinhäusern und einem malerischen Dorfplatz. Die traditionelle Architektur, umgeben von üppigen Zitronen- und Orangenbäumen, verleiht Fornalutx eine idyllische Atmosphäre, die Besucher aus aller Welt anzieht.

Fornalutx, die Dorfschönheit

9,4 km
3:30 h
350 hm
350 hm

TOUREN TIPP

START: Sóller (40 m), Stadtzentrum.

CHARAKTER: Abwechslungsreiche Wanderung auf Nebenstraßen und beschilderten Wegen, kurzzeitig auch auf schmalen Pfaden. Immer wieder Schatten. Einkehr: Bar/Restaurant beim Mirador de ses Barques; Bars und Restaurants in Sóller und Fornalutx

> 01 Fußballplatz; 02 Mirador de ses Barques; 03 Fornalutx-Rückweg:

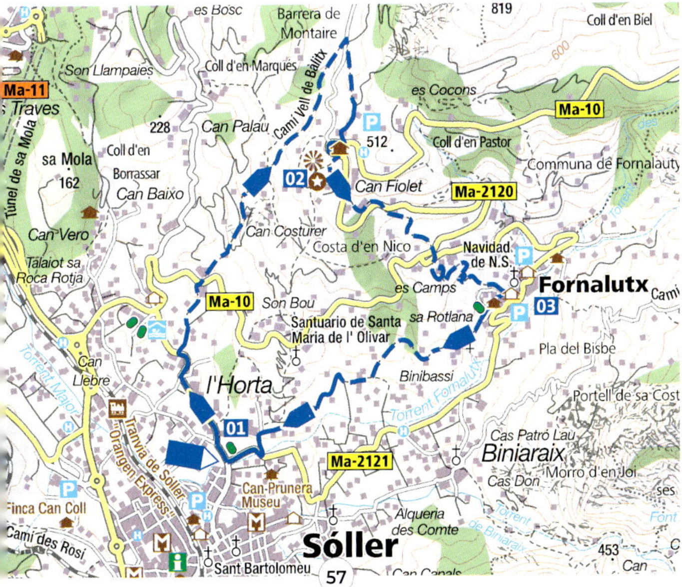

PANORAMAPLATZ TORRE DE NA SECA

Wachturm auf dem Felskamm

Zwischen dem Torrent de na Mora und der Küste von Sa Costera thront ein Wachturm auf einem Felskamm. Bei diesem 1579 erbauten, leider schlecht erhaltenen Wachturm eröffnet sich eine prachtvolle Rundsicht von den Bergen um Sóller über den Puig Major bis zur Traumküste von Sa Costera. Die Route dorthin zweigt in der obersten Fahrweg-Kurve vor dem Coll de Biniamar links ab. Ein Karrenweg führt zu einem Felsturm hinauf und dann im Auf und Ab durch den Hang über der Finca Bàlitx d'Avall. Vom Straßenende nach rechts und auf steilen, verzweigten Pfadspuren durch Gras, und schräge, glatte Felsplatten empor. Oben auf dem Grat des Castelló links zum Torre.

- 14 km
- 5:00 h
- 430 hm
- 820 hm

TOUREN TIPP

START: Mirador de ses Barques (400 m) oberhalb von Sóller. Zufahrt auf der Ma-10; großer Parkplatz bei Km 44,8. Von Port de Sóller mit Bus (Linie 354) oder Taxi. Rückfahrt mit dem Schiff von Port de sa Calobra oder von Cala Tuent. Die Schiffe fahren nur bei ruhiger See. Unbedingt vor der Tour im Hafen von Port de Sóller über die aktuellen Abfahrtszeiten erkundigen und gleich die Tickets lösen: Barcos Azules (www.barcosazules.com). Rückfahrt von Port de sa Calobra per Bus (Linie 355) oder mit dem Taxi

CHARAKTER: Lange Tour mit zwei Aufstiegen (jeweils gut 200 Höhenmeter); Straßen, beschilderte Wege und Pfade. Stellenweise Schatten. Einkehr: Bar/Restaurant am Mirador de ses Barques; Bars/Restaurants in Port de sa Calobra und Port de Sóller

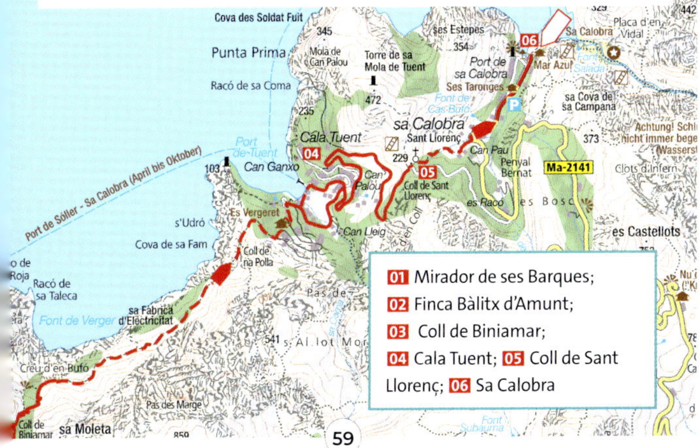

01 Mirador de ses Barques;
02 Finca Bàlitx d'Amunt;
03 Coll de Biniamar;
04 Cala Tuent; **05** Coll de Sant Llorenç; **06** Sa Calobra

22 PUIG DE L'OFRE

Der schönste Aussichtsberg der zentralen Tramuntana

In einem Ranking der beliebtesten Berge Mallorcas läge der Puig de l'Ofre mit Sicherheit ganz vorne. Der ebenmäßige Kegel regt nicht nur Wanderwünsche an, sondern auch so manche Fantasie – Wikipedia verbreitete sogar, „dass er vulkanischen Ursprungs ist". Ist er natürlich nicht; er besteht wie alle seine Bergnachbarn aus Kalk. Eine Besonderheit bietet er aber doch: Er bewahrte sich den Waldmantel, der einst alle Berge der Insel umhüllte, fast bis oben hinauf. Aber eben nur fast: Der Puig de l'Ofre ist für sein Panorama berühmt; es schließt die höchsten Gipfel Mallorcas, die beiden Stauseen und die Bucht von Palma mit ein.

Puig Major, Puig de ses Vinyes und Sa Rateta

- 11,7 km
- 4:00 h
- 220 hm
- 220 hm

TOUREN TIPP

START: Embassament de Cúber (Cúber-Stausee, 750 m) nordöstlich von Sóller. Zufahrt auf der Ma-10 von Sóller oder Pollença; bei Km 34 Parkplatz und Haltestelle der Buslinie 354

CHARAKTER: Eindrucksvolle Bergtour auf breiten Wegen und schmalen Pfaden; der oberste Gipfelgrat erfordert Trittsicherheit und Schwindelfreiheit. Bis zum Coll de l'Ofre Wegweiser, im Gipfelbereich nur Steinmännchen. Im oberen Bereich Schatten. Unterwegs keine Einkehrmöglichkeit; Bars/Restaurants in Sóller und Fornalutx

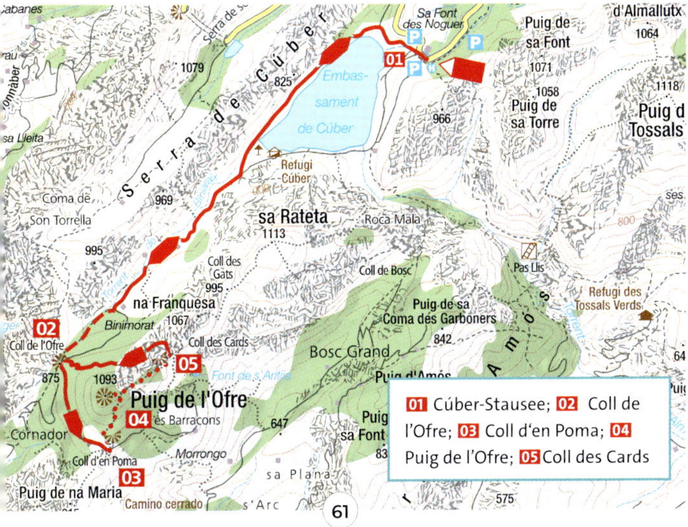

01 Cúber-Stausee; **02** Coll de l'Ofre; **03** Coll d'en Poma; **04** Puig de l'Ofre; **05** Coll des Cards

PONT ROMÀ

Ausflug in die Römerzeit

Die Pont Romà, auch als römische Brücke bekannt, ist ein faszinierendes Überbleibsel der römischen Geschichte auf Mallorca. Diese antike Brücke ist ein bemerkenswertes Beispiel für römische Ingenieurskunst. Obwohl ihre genaue Entstehungszeit nicht eindeutig ist, wird angenommen, dass sie während der römischen Herrschaft auf der Insel errichtet wurde.

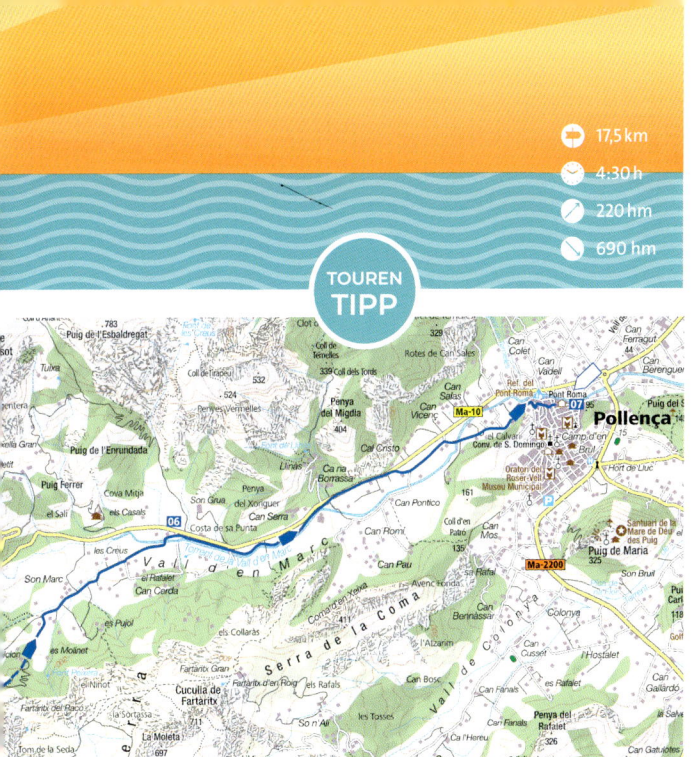

- 17,5 km
- 4:30 h
- 220 hm
- 690 hm

TOUREN **TIPP**

START: Santuari de Lluc (477 m). Rückfahrt per Bus (Linie 354, Haltestelle nach dem Kreisverkehr Richtung Port de Pollença) oder mit dem Taxi

CHARAKTER: Durchgehend beschilderte Straßen, Wege und Pfade. Immer wieder Schatten. Unterwegs keine Einkehrmöglichkeit; Bars/Restaurants in Lluc und Pollença; Refugi de Son Amer (Nächtigung und Essen nach Voranmeldung)

> 01 Lluc; 02 Refugi de Son Amer; 03 Coll Pelat; 04 Coll des Pedregaret; 05 Landgut Binifaldó; 06 Ma-10, 105 m; 07 Refugi Pont Romà

24 TORRENT DE MORTITX

Schlucht-Durchquerung zur „Hexenhöhle"

Der Torrent de Mortitx ist ein Musterbeispiel für Mallorcas wilde Schluchten: ein tiefes, gewundenes Trockental, in dem man große Felsbrocken und glatt polierte Steine überwinden muss. Ein echtes Alpin-Abenteuer mit Kraxel-Finale, denn zum Schluss muss ein Wasserbecken auf steilen Gesteinsplatten umgangen werden. Rund um den Torrent breitet sich eine öde und kleinräumige Karstlandschaft aus – mit messerscharfen Karrenfelsen, fantasievoll verwitterten Steinfiguren und Höhlen in den Wänden. Und ganz vorne an der Steilküste öffnen sich die beiden urgewaltigen Felsportale der Cova de ses Bruixes, der Hexenhöhle.

Unterwegs im wilden Torrent de Mortitx

- 9,6 km
- 4:45 h
- 400 hm
- 400 hm

TOUREN TIPP

01 Parkplatz; **02** Felseinschnitt; **03** Rafal d'Ariant; **04** Cova de ses Bruixes

START: Beim Tor der Finca Mortitx (400 m) im Bergland zwischen Lluc und Pollença (389 m). Zufahrt auf der Ma-10 bis Km 10,9; Parkmöglichkeit nur für wenige Autos (oft schon frühmorgens besetzt)

CHARAKTER: Äußerst anspruchsvolle Schluchtdurchquerung (ausgewaschenes Gestein); bei Gewittern bzw. Regen kann der Bach anschwellen. Danach geht's auf verwachsenen Pfadspuren durch sehr unübersichtliches Fels-, Gras- und Karstgelände, das sehr gutes Orientierungsvermögen erfordert (Steinmännchen, Farbpunkte; bei Nebel kaum zu finden). Nicht allein gehen und genug zu Trinken mitnehmen. Kaum Schatten. Unterwegs keine Einkehrmöglichkeit; Bars/Restaurants in Lluc und Pollença

POLLENÇA & ALCÚDIA

Der „heilige Berg" über Pollença

Um 70 v. Chr. legten die Römer eine Siedlung im (Rom zugewandten) Nordosten Mallorcas an. Pollentia („die Mächtige") wurde zur Inselmetropole. Im Jahre 426 zerstörten die Vandalen den Ort, der später 9 km weiter nordwestlich neu erbaut wurde. Dort liegt heute die kleine Stadt Pollença, deren verwinkelte Gassen an eine nordafrikanische Kasbah erinnern. Über den Ruinen von Pollentia entwickelte sich rasch ein neues Gemeinwesen: Al-Qudya („auf dem Hügel") nannten es die Araber. Zwischen dem 13. und dem 17. Jahrhundert entstand die Ringmauer, die das Bild der Altstadt von Alcúdia bis heute prägt. Die römischen Ruinen kamen übrigens erst im 17. Jahrhundert wieder ans Tageslicht. Man kann die Ausgrabungen an der südlichen Umfahrungsstraße (Avinguda dels Princeps d'Espanya, Ma-13A) besichtigen.

- 3,8 km
- 1:45 h
- 250 hm
- 250 hm

TOUREN TIPP

START: Pollença (50 m). Zufahrt auf der Ma-2200; zwei große Parkplätze und Haltestelle der Buslinie 340 (Palma – Port de Pollença) am Carrer de Cecili Metel im südlichen Stadtbereich

CHARAKTER: Steile Kurzwanderungen auf Fahr- bzw. Pflasterweg und Pfad. Wenig Schatten. Einkehr: Bar und einfache Nächtigungsmöglichkeit (Küche für Selbstversorger) im Kloster auf dem Berg; Bars/Restaurants in Pollença

> **01** Bushaltestelle am C/. de Cecili Metel; **02** Ma-2200; **03** Kloster Puig de Maria

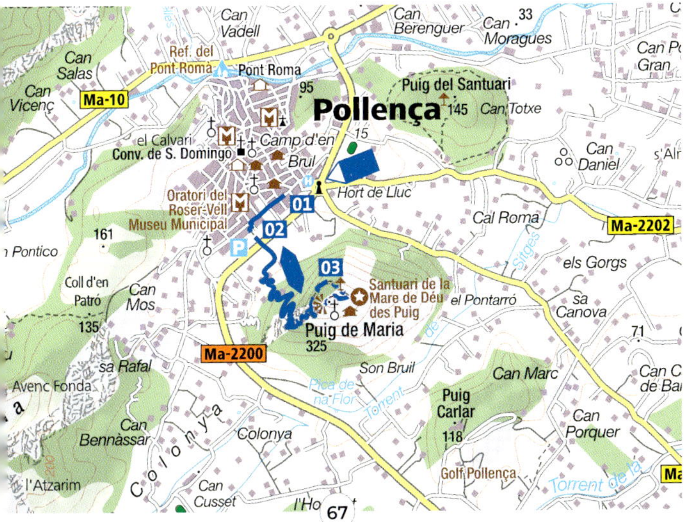

CASTELL DEL REI

Burgbesuch mit Hindernissen

Die berühmteste Burgruine Mallorcas thront auf einem entlegenen, 476 m hohen Felsberg über der Nordküste. Das Castell del Rei wurde bereits im 10. Jahrhundert von den Arabern genutzt; während der Rückeroberung war sie die letzte Zufluchtsstätte der geschlagenen Mauren. Seit 1715 verfiel die Anlage; erhalten blieben nur wenige Mauerreste, die jüngst restauriert wurden. Viele Jahre lang hatten die Grundbesitzer den Zugangsweg durch das Vall de Ternelles gesperrt. Die Gemeinde Pollença konnte immerhin erreichen, dass bis zu 20 Personen pro Tag zum Castell del Rei wandern dürfen – allerdings nur mit einer schriftlichen Genehmigung, die vier bis fünf Tage vor der Tour im Rathaus eingeholt werden muss. 2014 wurde der Zugang neuerlich auf unbestimmte Zeit gesperrt, diesmal vom Umweltministerium. Aktuelle Infos erhalten Sie im O.I.T-Büro Port de Pollença (am Hafen, oder unter www.ajpollenca.net).

Unterwegs im wilden Torrent de Mortitx

- 7 km
- 3:30 h
- 650 hm
- 650 hm

TOUREN TIPP

START: Im Vall d'en Marc westlich von Pollença. Zufahrt von der Ma-10 am nordwestlichen Ortsrand von Pollença stadteinwärts über die Brücke, dann rechts (Wegweiser „GR Lluc") ins Vall d'en Marc; Parkmöglichkeit nach ca. 2,5 km (vor einer Linkskurve) zwischen Straße und Bachbett. Bus nach Pollença, von dort zu Fuß in 40 min.

CHARAKTER: Einsame Bergwanderung auf alten Wegen und schmalen Pfaden; kurze Felspassagen erfordern Trittsicherheit und Schwindelfreiheit. Wenig Schatten. Unterwegs keine Einkehrmöglichkeit; Bars/Restaurants in Lluc und Pollença

> 01 Vall d'en Marc; 02 Cases Noves de Ca n'Huguet;
> 03 Fartàritx Gran;
> 04 Cuculla de Fartàritx

27 HALBINSEL FORMENTOR

Land's End mit stimmungsvollen Plätzen

Nordöstlich von Port de Pollença setzt sich die Serra de Tramuntana mit der 13 km langen Halbinsel von Formentor fort. An ihrer Spitze trägt sie seit 1862 einen Leuchtturm, den man heute auf einer serpentinenreichen Ausflugsstraße erreicht. Diese führt auch am vielbesuchten Mirador des Colomer vorbei – an einem Aussichtspunkt, der einen unvergesslichen Blick auf den Felsgipfel El Pal und die vorgelagerte „Taubeninsel" bietet. Darüber steht der Wachturm von Albercutx, ein besonderes Ziel zum Sonnenuntergang. Viel Besuch erhält der Sandstrand der Cala Pi de la Posada, neben dem 1931 das Hotel Formentor, eine der ersten Luxusherbergen der Insel, entstand. Abseits der Straße blieben mehrere Abschnitte des historischen Weges der Leuchtturmwärter erhalten. Wanderpfade führen aber auch zu den kleineren Buchten der Halbinsel – etwa zur Cala Figuera unter der überhängenden Nordwand des 334 m hohen Fumat. Ebenfalls unvergesslich: die Umrundung des Cap de Formentor per Schiff (ab Port de Pollença)

- 6 km
- 4:15 h
- 300 hm
- 300 hm

TOUREN TIPP

START: Cala Sant Vicenç; Parkplatz und Bushaltestelle an der Cala Molins

CHARAKTER: Kurze, aber anspruchsvolle Bergtour auf einem schmalen Pfad und im weglosen Gras- bzw. Felsgelände, das Trittsicherheit und guten Orientierungssinn erfordert (stellen-weise Steinmännchen). Kaum Schatten. Unterwegs keine Einkehrmöglichkeit; Bars/Restaurants in Cala Sant Vicenç

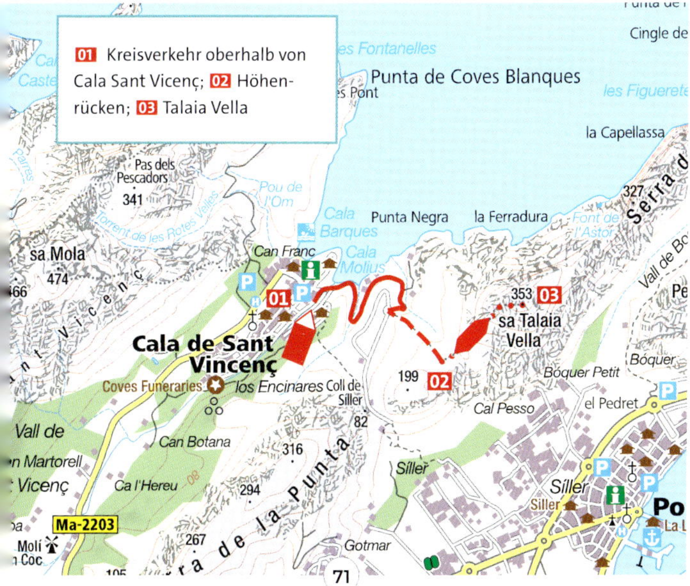

01 Kreisverkehr oberhalb von Cala Sant Vicenç; 02 Höhenrücken; 03 Talaia Vella

BALEAREN-MEER

INSPIRATIONEN SÜDEN & OSTEN

„TOTENSTADT" BEI SON REAL

Ein Geheimtipp mit Geschichte

Hinter einem 5 km langen Strand-, Dünen- und Waldgebiet der Bucht von Alcúdia, das sehr unberührt geblieben ist, liegt das 395 ha große Landgut Son Real. Das interessanteste Schaustück dieses Küstenabschnitts ist jedoch die Nekropole an der Küste. Zwischen dem 7. und dem 1. Jahrhundert v. Chr. fanden dort 168 Menschen in Steingräbern ihre letzte Ruhe. Drei Grabhöhlen befinden sich auf dem nahen „Lauchinselchen", eine weitere, künstlich erweiterte Höhle klafft weiter landeinwärts in einem Felsabsatz. Auf der nahen Punta des Fenicis entdeckte man Gräber aus dem 7. Jahrhundert v. Chr. Die entscheidende Frage blieb allerdings bis heute unbeantwortet: Wo lag eine Siedlung für eine so große Totenstadt?

- 12,6 km
- 3:45 h
- 30 hm
- 30 hm

TOUREN TIPP

START: Am Westrand der Feriensiedlung Son Serra de Marina südöstlich von Can Picafort an der Bucht von Alcúdia. Beschilderte Zufahrt von der Ma-12 (Can Picafort – Artà) bei Km 14,4; Parkmöglichkeit in den Seitenstraßen um den Hafen. Bus von Can Picafort (Linie 392)

CHARAKTER: Flache Küstenwanderung – teils auf beschilderten Pfaden, teils auf Schotterstraßen und sandigen Fahrwegen. Wenig Schatten. Unterwegs keine Einkehrmöglichkeit; Bars/Restaurants in Son Serra de Marina

> **01** Sporthafen in Son Serra de Marina; **02** Marine-Obelisk; **03** Son Real; **04** Necropolí de Son Real

PARC NATURAL DE S'ALBUFERA

Abenteuer über Alcúdia

Mallorcas ältester Naturpark umfasst ein 1687 ha großes Küsten-, Dünen- und Sumpfgebiet zwischen Port d'Alcúdia und Can Picafort, das vor 10.000 Jahren entstand. Im 19. Jahrhundert versuchte man, die einstige Lagune trockenzulegen – ohne Erfolg. So blieb die Albufera ein wichtiger Futter-, Schlaf- und Brutbereich für mehr als 230 Vogelarten. Hier kann man fast 80 % aller auf Mallorca vorkommenden Vogelarten (und viele Zugvögel) beobachten. Im Wasser tummeln sich 30 Fischarten, darunter Aale. Vom Eingang beim Pont dels Anglesos an der Ma-12 (Bushaltestelle) wandert man zum Centre de Recepció sa Roca, wo man sich anmeldet. Von dort führen markierte Wege zu Vogelbeobachtungsplätzen; ein 12 km langer Rundweg umrundet das gesamte Gebiet. https://de.balearsnatura.com/parque_natural/parc-natural-de-salbufera-de-mallorca/

- 9,6 km
- 4:45 h
- 450 hm
- 450 hm

TOUREN TIPP

START: Ermita de la Victòria (140 m)

CHARAKTER: Lange Bergwanderung auf durchwegs beschilderten Fahrwegen und Pfaden; besonders der Abstieg zur Platja des Coll Baix erfordert Trittsicherheit und Schwindelfreiheit. Nur wenig Schatten. Unterwegs keine Einkehrmöglichkeit; Bars/Restaurants bei der Ermita de la Victòria, in Alcúdia und Port d'Alcúdia

> 01 Ermita de la Victòria; 02 Rechtskurve; 03 Talaia d'Alcúduia; 03 Collet des Coll Baix; 04 Abstieg:; 05 Platja des Coll Baix; 06 Coll de na Benet

30 ARTÀ

Das Heiligtum in den nördlichen Serres de Llevant

Der Name der kleinen Stadt im Nordosten Mallorcas erinnert an das arabische Wort jartan (Garten). Über ihren engen Gassen erhebt sich die Pfarrkirche aus dem 13. Jahrhundert, die eine schöne Kanzel birgt. Nahe dem Museu Regional d'Artà beginnt der 180-Stufen-Treppenaufgang zum befestigten Santuari de Sant Salvador, das wie eine Akropolis über dem Ort thront (herrliche Rundsicht). Die 2 km südlich von Artà gelegene Talaiot-Anlage von Ses Païsses (8. Jahrhundert v. Chr.)

Panoramablick von der Festung Sant Salvador

- 5,6 km
- 2:45 h
- 300 hm
- 300 hm

TOUREN TIPP

START: Nahe der Feriensiedlung Betlem an der Bucht von Alcúdia. Zufahrt von der Ma-12 (Can Picafort – Artà) auf der Ma-3331 nach Colònia de Sant Pere und weiter Richtung Betlem; großer Parkplatz bei Km 7,5 auf der linken Seite

CHARAKTER: Bergwanderung auf einem historischen Pilgerweg und einem schmalen Pfad. Wenig Schatten. Unterwegs keine Einkehrmöglichkeit; Bars/Restaurants in Colònia de Sant Pere

01 Parkplatz; **02** Ermita de Betlem; **03** Sa Coassa

31 VERLORENE STRÄNDE VON LLEVANT

Zu den einsamen Buchten der Halbinsel

Die 550 m lange Cala Mesquida ist einer der schönsten Sandstrände Mallorcas. Nordwestlich davon reihen sich die „Verlorenen Strände" der Halbinsel Llevant aneinander – einer schöner und einsamer als der andere. Dort leben Kolonien von Kormoranen und Korallenmöwen, aber auch Wanderfalken, Eleonorenfalken und Zwergadler. Auf dem Caminet del Carabiners, dem Pfad, der die Buchten miteinander verbindet, jagten Soldaten einst Schmuggler.

Strände verloren, Wanderglück gefunden

- 16 km
- 4:45 h
- 50 hm
- 50 hm

TOUREN TIPP

START: Cala Mesquida nördlich von Capdepera, am Rondell am Ende des C/. de la Esparell. Zufahrt von der Umfahrungsstraße in Capdepera; vom Kreisverkehr an der Ortseinfahrt auf der linken Straße weiter, dann rechts zu den Parkplätzen über dem Meer

CHARAKTER: Lange und landschaftlich beeindruckende Küstenwanderung auf nur mit Steinmännchen markierten, stellenweise felsigen Pfaden und Schotterstraßen. Kaum Schatten. Einkehr: Kiosk an der Cala Murta, Bars/Restaurants in Cala Mesquida; unbewirtschaftete Schutzhütte am Umkehrpunkt

- **01** Rondell;
- **02** Cala Torta;
- **03** Cala Mitjana;
- **04** Cala Estreta;
- **05** Es Matzoc;
- **06** Torre d'Albarca;
- **07** Platja de sa Font Celada;
- **08** Arenalet des Verger

CAPDEPERA

Burgmauern um ein Dorf

In sicherer Entfernung zur Küste entstand auf einem seit Urzeiten besiedelten Steinkopf (lateinisch: caput petrae) die größte Festung Mallorcas. Im Jahre 1300 gründete König Jaume III. innerhalb des Walls ein Dorf. Immer wieder schützte die Festung ihre Einwohner vor Piratenüberfällen. 1854 verließ das Militär das Bollwerk, das sich seither kaum mehr verändert hat. Der Ort selbst breitet sich heute rund um die Mauern aus – Capdepera übersiedelte sozusagen nach draußen. Der Aufstieg zur Burg lohnt sich allein schon wegen der Aussicht; ihre Kirche birgt bis heute eine weitum verehrte gotische Madonna.

- 8,2 km
- 3:45 h
- 280 hm
- 280 hm

TOUREN TIPP

START: Cala Mesquida. Vom Kreisverkehr an der Ortseinfahrt rechts (Wegweiser „Cala Mesquida") zu den Parkplätzen hinter dem Sandstrand

CHARAKTER: Bergwanderung auf breiten Wegen und schmalen, an kurzen Stellen sehr steilen und steinigen Pfaden, die Trittsicherheit und Orientierungsvermögen erfordern (stellenweise Wegweiser und Farbzeichen). Im unteren Bereich Schatten. Unterwegs keine Einkehrmöglichkeit;

> 01 Parkplatz; 02 Talaia de Son Jaumell; 03 Cala Moltó; 04 Cala Agulla; 05 Wegkreuzung

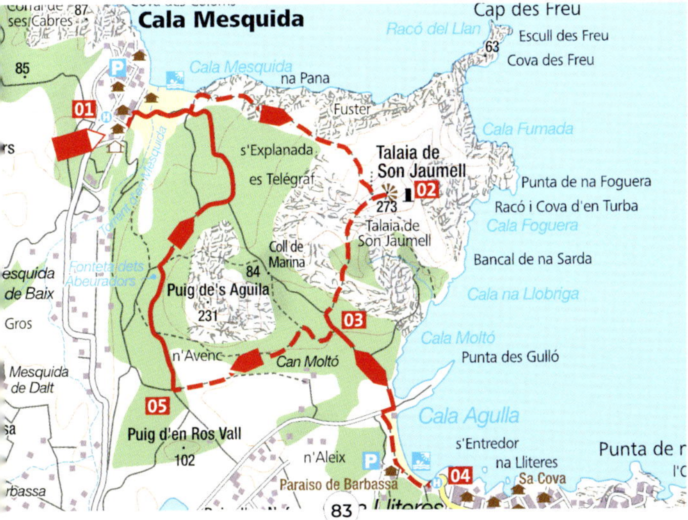

33 CASTELL DE LA PUNTA DE N'AMER

Ein Stück Urnatur zwischen den Urlaubszentren

Das Castell de la Punta de n'Amer ist eine Festung an der Ostküste Mallorcas, die im 17. Jahrhundert erbaut wurde, um die Insel vor Angriffen zu schützen. Diese gut erhaltene Festung ist von einem Naturschutzgebiet umgeben. Mit einem markanten runden Turm bietet das Castell einen herrlichen Ausblick auf das Mittelmeer und die umliegende Landschaft. Heute ist es ein beliebtes Ausflugsziel für Besucher, die die Geschichte der Insel erkunden möchten, sowie für Naturliebhaber, die die Schönheit der mallorquinischen Küstenlandschaft genießen wollen.

Wehrbau mit Design: Castell de sa Punta de n'Amer

5,4 km
1:45 h
30 hm
30 hm

TOUREN TIPP

START: Am Südrand der Feriensiedlung Cala Millor an der Ostküste. Zufahrt von der Ma-4023 (Porto Cristo – Son Servera); beim Kreisverkehr nahe Km 7 auf den beschilderten Camí de Son Morro Vell abzweigen und stets geradeaus zum Kreisverkehr bei den Hotels im Süden von Cala Millor; nach der Beschilderung „Es Castell, Punta de n'Amer" rechts am Hotel Bahia Grande vorbei zum Straßenende, dort Parkmöglichkeit. Bus von Palma (Linie 412, 414)

CHARAKTER: Wanderung auf Schotterstraßen, Sandwegen und schmalen, verzweigten Pfaden im steinigen Gelände. Stellenweise Schatten. Einkehr: Bar Es Castell; Bars/Restaurants in Cala Millor

> **01** Infotafel beim Straßenkreisel; **02** Südküste; **03** höchster Punkt der Landspitze; **04** Castell de sa Punta de n'Amer

NATURPARK MONDRAGÓ

Ein kleines Paradies

Der 785 ha große Parc Natural de Mondragó zwischen Portopetro und Cala Figuera umfasst drei wunderbare Sandstrände, zwei Lagunen und ein Stück unberührter Felsküste. Lehrpfade durchziehen die Kiefernwälder; die Mittelmeerschildkröte wurde hier wieder angesiedelt. Beschilderte Zufahrten von Santanyí, Portopetro oder Ses Salines. Es gibt zwei Parkplätze etwa 10 Min. vor den Buchten.

Türkisblaues Wasser im Parc Natural de Mondragó

- 10,6 km
- 5:00 h
- 30 hm
- 30 hm

TOUREN TIPP

START: Im Urlaubsort Cala Romàntica (S'Estany d'en Mas) südöstlich von Manacor. Zufahrt von der Ma-4014 bei Km 10,8; Parkplatz vor dem Strand. Rückfahrt von Cales de Mallorca am besten per Taxi.

CHARAKTER: Sehr lange, einsame und landschaftlich großartige Küstenwanderung auf schmalen Pfaden bzw. in weglosem Gras- und Felsgelände; kurze Kletterpassagen und die Überquerung von scharf verwittertem Gestein erfordern Spürsinn, Trittsicherheit und Schwindelfreiheit. Kaum Schatten. Unterwegs keine Einkehrmöglichkeit;

> **01** Cala Romàntica; **02** Cova des Pont; **03** Cala Varques; **04** Cala Sequer; **05** Caló des Serral; **06** Cala Magraner; **07** Cala Pilota; **08** Cala Virgili; **09** Cala Bóta; **10** Cala Antena; **11** Cales de Mallorca

ERMITA DE BONANY

Die „Wallfahrt zum guten Jahr"

1609 war ein gutes Jahr für die Bewohner der Inselebene Es Pla: Nach Jahren der Dürre fiel endlich wieder Regen – die Gebete zur Muttergottes waren erhört worden. Zum Dank bauten sie eine Kapelle auf einen frei aufragenden Berg zwischen Vilafranca, Petra und Sant Joan, die seither einfach Bonany heißt – zur Erinnerung an das „gute Jahr". 1697 erweiterte man das kleine Gotteshaus; das heutige, doppeltürmige Gebäude ist ein Neubau aus den Jahren 1920/25. Die darin verehrte Holzstatue der Mare de Déu de Bonany soll der Legende nach vor den Arabern versteckt worden sein.

- 5,2 km
- 3:00 h
- 200 hm
- 200 hm

TOUREN TIPP

START: An der Landstraße Ma-3220 zwischen Sant Joan und Petra bei Km 10,3, wo der beschilderte Camí de l'Infern südwärts zum Puig de Bonany abzweigt (nur ganz wenige Parkmöglichkeiten neben der Straße). Zufahrt per Bahn oder Bus nach Petra, zu Fuß auf dem C/. de Ciutat durch den Ort und gut 2 km zum Ausgangspunkt

CHARAKTER: Wanderung auf Fahrwegen, Waldpfaden und ganz kurzen Straßenabschnitten. Viel Schatten. Unterwegs keine Einkehrmöglichkeit; Bars/Restaurants in Petra; Nächtigungsmöglichkeit für Selbstversorger in der Ermita de Bonany.

> 01 Ma-3220; 02 Ermita de Bonany; 03 Puig de Bonany

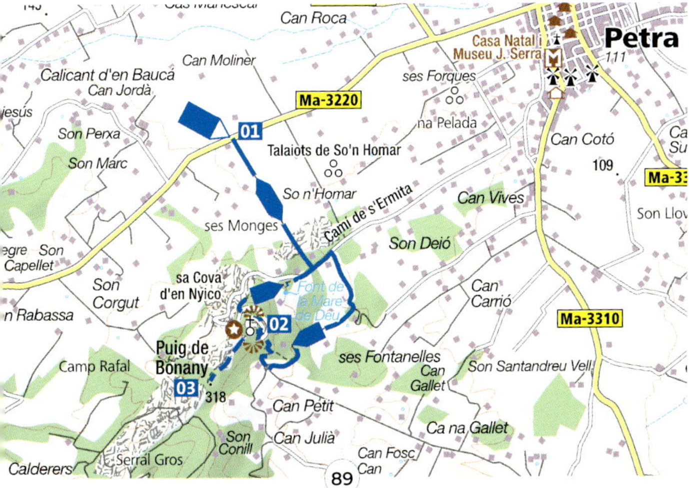

RUINE DES CASTELL DE SANTUERI

Von der Burgruine zur Klosterfestung

Auf dem 423 m hohen Puig des Carritxó bei Felanitx thront die Ruine einer mächtigen Burg, deren Geschichte wohl bis auf die Römer zurückgeht. Einst verschmolzen ihre Mauern mit dem felsigen Tafelberg zu einer fast uneinnehmbaren Einheit. Das mittlerweile renovierte Castell de Santueri ist nun wieder für Besucher zugänglich (Eintrittsgebühr, www.santueri.org) – es gibt zwar nur wenige Mauern zu sehen, aber eine herrliche Aussicht bis zum Meer.

- 13,6 km
- 4:00 h
- 480 hm
- 480 hm

TOUREN TIPP

START: An der Ma-14 von Felanitx Richtung Cala d'Or/Santanyí; Parkmöglichkeit bei Km 13,8 (etwa 2 km südlich von Felanitx) kurz vor der beschilderten Abzweigung zum Castell de Santueri. Bus (Linie 491) bis Felanitx, von dort zu Fuß 30 min. neben der (verkehrsreichen) Straße

CHARAKTER: Tal- und Bergwanderung auf asphaltierten Nebenstraßen, Schotterstraßen und Waldwegen. Immer wieder Schatten. Einkehr: Bar/Restaurant und Petit Hotel in der Ermita de Sant Salvador (www.santsalvadorhotel.com)

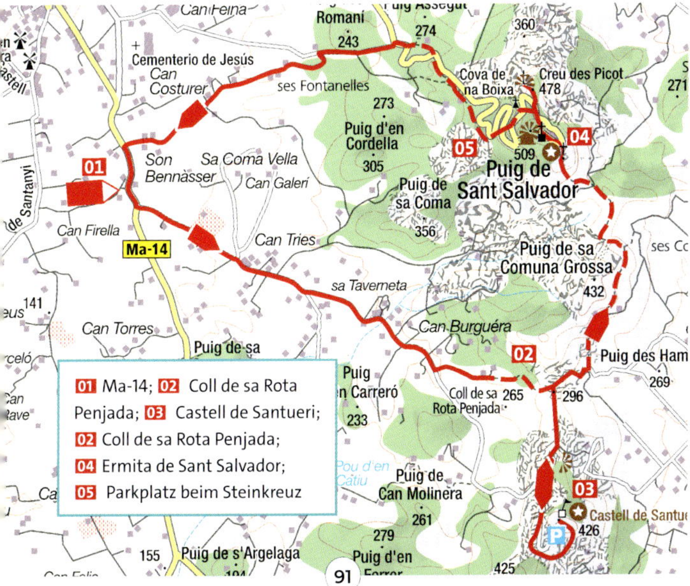

- 01 Ma-14; 02 Coll de sa Rota Penjada; 03 Castell de Santueri;
- 02 Coll de sa Rota Penjada;
- 04 Ermita de Sant Salvador;
- 05 Parkplatz beim Steinkreuz

PARC NACIONAL MARÍTIM

i Terrestre de l'Arxipèlag de Cabrera

Der Parc Nacional Marítim i Terrestre de l'Arxipèlag de Cabrera ist der einzige Nationalpark der Balearen. 12 Kilometer südlich des Cap de ses Salines gelegen, umfasst er ein 10.021 Hektar großes Gebiet rund um die felsige, nur mit Büschen bewachsene „Ziegeninsel" Cabrera und ihre 18 Nachbarinseln. Lange Zeit stand Cabrera unter der Verwaltung des Militärs. 1986 unterbrach ein Greenpeace-Schiff die Manöver; fünf Jahre später wurde der Nationalpark eröffnet. Er bietet zahlreichen endemischen und gefährdeten Tierarten Schutz – vor allem Vögeln und unzähligen (fast zahmen) Balearen-Eidechsen, aber auch Meeresschildkröten. Der Unterwasserbereich um die Inseln ist großteils mit Poseidongras bedeckt – ein Segen für rund 200 Fischarten.

- 12 km
- 3:00 h
- 270 hm
- 270 hm

TOUREN TIPP

START: Colònia de Sant Jordi, Hafen. Anfahrt aus Richtung Palma auf der Ma-6100; Parkplätze und Bushaltestelle an der Hafenpromenade.

CHARAKTER: Nach der Schiffs-Überfahrt erwarten Sie zwei Kurzwanderungen auf breiten, teils asphaltierten Wegen. Einkehrmöglichkeit im kleinen Hafenrestaurant auf Cabrera.

> **01** Es Port; **02** Castell de Cabrera; **03** Platja de s'Espalmador; **04** Far de n'Ensiola

HINWEISE, TIPPS und Legende

Schwierigkeitsgrade

LEICHT

Spaziergänge oder einfache Wanderungen auf breiten Wegen und gut begehbaren Pfaden. Es gibt dabei keine besonderen Gefahrenstellen – kräftige Steigungen, steinige oder rutschige Abschnitte sind jedoch möglich. Beschilderungen bestehen nicht überall; Orientierungsprobleme können vor allem an Weggabelungen oder im hohen Dissgras auftreten.

MITTEL

Diese Touren führen schon in unwegsamere und abgelegene Küsten-, Wald- oder Berggebiete. Einzelne Stellen und Passagen können felsig und abschüssig sein – diese erfordern Trittsicherheit, Schwindelfreiheit und Wandererfahrung. Manche dieser Strecken verlangen guten Orientierungssinn.

SCHWER

„Schwarze" Routen sind anspruchsvoll und meist auch lang. Sie erfordern sehr gutes Orientierungsvermögen. Mit schmalen, steilen oder abschüssigen Routenabschnitten, aber auch mit scharfkantigem Gestein, Felswänden oder glattgeschliffenem Gestein in Schluchten ist zu

rechnen. Diese Bereiche setzen absolute Trittsicherheit, Schwindelfreiheit und Klettergewandtheit voraus. In entlegenen Gebieten ist keine rasche Hilfe von außen möglich!

Gehzeiten
Die angegebenen Gehzeiten sind nur unverbindliche Richtwerte (ohne Pausen, Fotostopps usw.). Sie hängen auch von der aktuellen Wetterlage, den Temperaturverhältnissen, der persönlichen Kondition und der wechselnden Tagesverfassung ab. Planen Sie auf jeden Fall genügend Zeitreserven ein!

Ausrüstung

Mallorcas Küsten- und Bergregionen bestehen aus verwittertem Kalkgestein. Daher benötigt man feste, über die Knöchel reichende Wanderschuhe mit Profilgummisohle – Turnschuhe eignen sich nur für Spaziergänge auf breiten Wegen und einfache Strandwanderungen. Je nach Jahreszeit empfehlen sich rasch trocknende Funktionskleidung, ein warmer Pullover sowie eine wind- und wasserfeste Regenjacke.

Die meisten Wanderziele sollte man nur in langen Hosen ansteuern – zwi-

HINWEISE, TIPPS
und Legende

schen scharfem Dissgras und Stechginster holt man sich in Shorts blutige Beine. Vergiss nicht auf Sonnencreme und Sonnenbrille, Hut bzw. Kappe sowie auf Reservekleidung. Weiters gehören eine kleine Tourenapotheke mit Rettungs-Aludecke sowie eine Trillerpfeife für den Notfall in den Rucksack. Handys haben in abgelegenen Gebieten und Schluchten keinen Empfang. Die Zusammenstellung der Tourenverpflegung bleibt dem persönlichen Geschmack überlassen. Ganz wichtig ist jedoch die Mitnahme von genug Wasser – mindestens 1,5 l pro Person!

Orientierung, Markierung

Auf Mallorca sind nur wenige Wanderwege mit Wegweisern und Richtungspfosten beschildert – vor allem rund um Sóller und in Naturparks. Alle anderen Routen sind meist nur mit Steinmännchen – (sehr) kleinen Steinpyramiden – oder einzelnen Farbzeichen gekennzeichnet. So ist man dort auf das eigene Weggespür angewiesen – und auf eine gute Wanderkarte, die man schon vor der Tour genau studieren sollte.

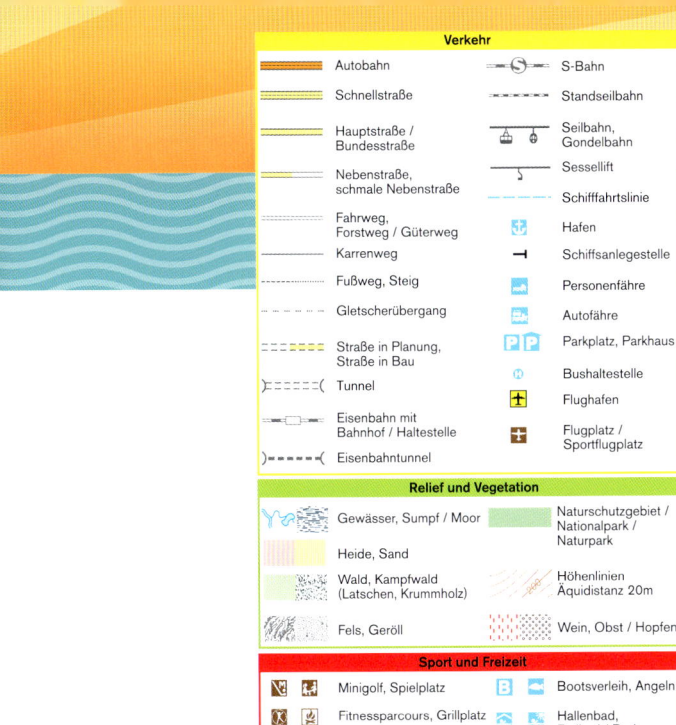

Der Kartenmaßstab dieses Ratgebers variiert; die Tourenkarten dienen der Orientierung. Karten mit dem Maßstab 1:50.000 findest du in unserem Kompass-Wanderführer „Mallorca"

NOCH MEHR
Inspirationen

Unsere Inspirationen beinhalten alle Wandertouren als Tipps und als Vorschlag, um ans Ziel zu kommen. Ausführliche Beschreibungen und noch viele weitere Tourenvorschläge findet man in unseren Wanderführern und weiteren Outdoor Reihen wie „Dein Augenblick" und „Endlich".

Ein weiterer Tipp ist die KOMPASS Wanderkarte. Damit lassen sich Touren perfekt planen und auch die Orientierung bei schwierigeren Touren ist damit perfekt zu bewältigen. KOMPASS Wanderkarten zeigen alle Informationen der Landschaft. So lassen sich auch noch weniger bekannte Orte, kleine Seen, versteckte Gipfel und wilde Bäche finden. Eine Wanderkarte ist wie eine Schatzkarte für neue Ziele. Sie zeigt auch, welche Wanderwege, Fahrradwege, Klettersteige und Zufahrtsstraßen es gibt. Öffentliche Verkehrsmittel sind ebenfalls eingezeichnet, genauso wie Parkplätze, Hütten und Almen.

Eine Wanderkarte voller Vorfreude auszubreiten ist schon der erste Schritt in den Urlaub oder das neue Abenteuer. Sie ist aber auch ein herrliches Erinnerungsstück an all die Erlebnisse, die man damit verbindet.

DIE PASSENDEN WANDERFÜHRER
& GEDRUCKTE KARTEN

Dein Augenblick Mallorca

mit 30 Touren zu Traumzielen

Wanderführer Mallorca

mit 78 Touren und Extra-Tourenkarte

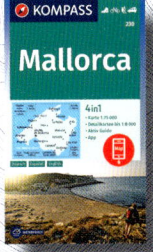

Wanderkarte Mallorca

mit Aktiv Guide und APP

IMPRESSUM

Herausgeber: © KOMPASS-Karten GmbH
Karl-Kapferer-Straße 5, A-6020 Innsbruck
1. Auflage 2024 (24.01), Verlagsnummer 8109,
ISBN 978-3-99154-112-7

Konzept und Bildnachweis
Konzept & Gestaltung: © KOMPASS-Karten GmbH
Projektbetreuung: Julia Flory, KOMPASS-Karten GmbH
Text: KOMPASS-Karten-Autoren Wolfgang Heitzmann & Renate Gabriel und KOMPASS-Karten GmbH
Grafische und Kartografische Herstellung: © KOMPASS-Karten GmbH
Kartenausschnitte: © KOMPASS-Karten GmbH unter Verwendung OpenStreetMap Contributors (www.openstreetmap.org)
Titelbild: Camp de Mar, Majorca von © pkazmierczak – stock.adobe.com; Design Kompass Karten GmbH

Bildnachweis: Alle Bilder stammen (falls nicht anders angegeben) von Wolfgang Heitzmann und Renate Gabriel

Adobe: S.3: © sabino.parente - stock.adobe.com, S.12/13: © pkazmierczak - stock.adobe.com, S.26: © Kris Hoobaer - stock.adobe.com, S.44: © Paul - stock.adobe.com, S.52: © Veronika Galkina - stock.adobe.com, S.68: © Tolo - stock.adobe.com, S.76: © Poster-Neitzel - stock.adobe.com, S.78: © vulcanus - stock.adobe.com, S.82: © Jano.Calvo - stock.adobe.com, S.86: ©Naturpark Mondragó - stock.adobe.com, S.90: © st1909 - stock.adobe.com, S.94/95: © powell83 - stock.adobe.com, S.104: © Vasily Makarov - stock.adobe.com;

Alle Angaben und Routenbeschreibungen wurden nach bestem Wissen gemäß unserer derzeitigen Informationslage gemacht. Die Wanderungen wurden sehr sorgfältig ausgewählt und beschrieben, Schwierigkeiten werden im Text kurz angegeben. Es können jedoch Änderungen an Wegen und im aktuellen Naturzustand eintreten. Wanderer und alle Kartenbenützer müssen darauf achten, dass aufgrund ständiger Veränderungen die Wegzustände bezüglich Begehbarkeit sich nicht mit den Angaben in der Karte decken müssen. Wir aktualisieren unsere Karten und Touren in regelmäßigen Abständen. Dies kann unter Umständen auch dazu führen, dass sich die Inhalte der digitalen Version eines freigeschalteten Wander- oder Fahrradführers bzw. einer Karte, von dem erworbenen Printprodukt unterscheiden. Diese Aktualisierungen sind aus rechtlichen oder sicherheitsrelevanten Gründen erforderlich und ein kostenloser Service mit Mehrwert für alle NutzerInnen. Die Verwendung dieses Führers erfolgt ausschließlich auf eigenes Risiko und auf eigene Gefahr, somit eigenverantwortlich. Eine Haftung für etwaige Unfälle oder Schäden jeder Art wird daher nicht übernommen. Für Berichtigungen und Verbesserungsvorschläge ist die Redaktion stets dankbar. Korrekturhinweise bitte an folgende Anschrift:

KOMPASS-Karten GmbH
Karl-Kapferer-Straße 5,
A-6020 Innsbruck
www.kompass.de/service/kontakt

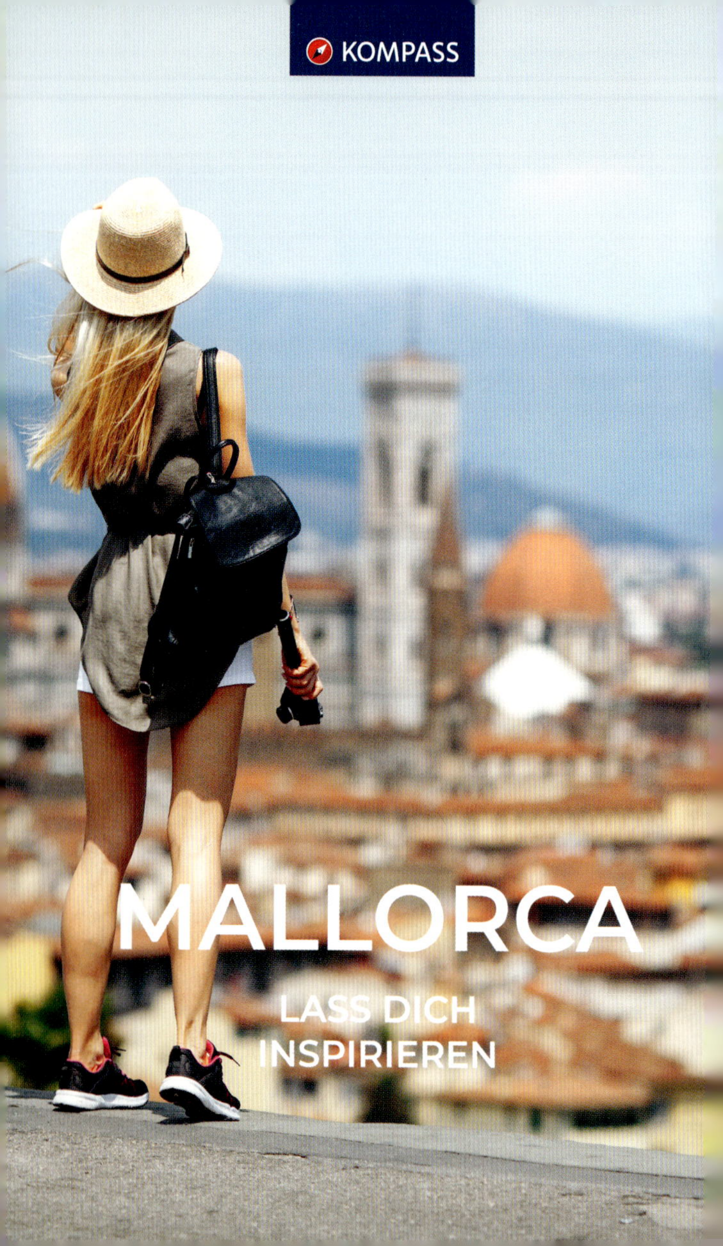

KOMPASS

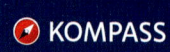

MALLORCA

LASS DICH INSPIRIEREN